DPRG Deutsche
Public Relations
Gesellschaft e.V.

Sybille Höhne, Ulf Mehner, Thomas Zimmerling (Hrsg.)

Akzeptanzkommunikation

1. Auflage

ISBN 978-3-00-060032-6

Vorwort

Liebe Leserinnen und Leser,

Akzeptanzkommunikation ist in den Kommunikationswissenschaften ein noch junger Begriff. Die Zahl der Monographien und Aufsätze ist beschränkt; die Forschung steht am Anfang. Nichtsdestotrotz ist Akzeptanz bei vielen Kommunikationsmaßnahmen implizit oder explizit ein Ziel. In Zeiten einer sich immer schneller wandelnden Umwelt bekommt der Begriff größere Bedeutung, als er in der Vergangenheit ohnehin schon hatte.

Unser Sammelband erscheint unter dem Signet der Deutschen Public Relations Gesellschaft (DPRG). Unser Berufsverband sieht es als seine Aufgabe, als wichtig erkannte Themen voranzutreiben. Vor diesem Hintergrund hat die DPRG ihren Jahresauftakt im Januar 2018 in Berlin unter den Oberbegriff „Akzeptanz in der Kommunikation" gestellt. Alle Arbeitskreise der DPRG waren aufgerufen, aus ihrer Sicht darzustellen, wie sie zu mehr Akzeptanz beitragen können. Jeder Arbeitskreis konnte dann zu seinem spezifischen Thema eine Veranstaltung während des DPRG #TakeOffs organisieren. Namhafte ReferentInnen haben zum Gelingen der ausverkauften Veranstaltung in der Telekom Hauptstadtrepräsentanz beigetragen. Die positive Resonanz und die Idee, die Ergebnisse des Tages für eine breitere Öffentlichkeit zu sichern, haben zu diesem Sammelband geführt.

Das Konzept ist denkbar einfach: Quer durch alle Kommunikationsdisziplinen hinweg stellen renommierte AutorInnen dar, welche Bedeutung Akzeptanz hat und wo Herausforderungen heute und in Zukunft liegen. Damit wird erstmals vollumfänglich deutlich, wo Akzeptanz überall eine Rolle spielt, und wie viele Ansatzpunkte es für Kommunikationsverantwortliche gibt, durch verschiedenste Methoden für Akzeptanz zu sorgen.

Wir hoffen, dass dieser Band über einige wenige theoretische Klärungen hinaus grundlegende Pflöcke für die Praxis einschlagen wird. Die Diskussion darüber werden wir innerhalb der DPRG im in Gründung befindlichen Arbeitskreis Akzeptanzkommunikation vertiefen. Hier entsteht gerade ein Platz zum Netzwerken, für den Austausch von Best Practices und die Standardisierung von Methoden. Falls Sie Interesse an einer Mitarbeit haben, schreiben Sie uns gerne an info@dprg.de oder persönlich über unsere Profile auf Xing und LinkedIn.

Ihre Herausgeber
Sybille Höhne, Ulf Mehner, Thomas Zimmerling

Inhalt

Gesellschaftliche Akzeptanz: Aufgabe für Kommunikatoren, Organisationen und das Berufsfeld

Von Felix Krebber

Abstract

Der folgende Beitrag schildert die veränderten gesellschaftspolitischen Rahmenbedingungen und ihre Konsequenzen für die Unternehmenskommunikation. Kerngedanke ist, dass sich Unternehmen stärker an den Erwartungen aus ihrer Umwelt orientieren müssen, um sich zu legitimieren. Was dies für die Rolle der Unternehmenskommunikation in der Organisation, Strukturen und Prozesse sowie Aufgaben und Kompetenzen des Kommunikators bedeutet und welche Konsequenzen sich für das Berufsbild ableiten lassen, wird aufgezeigt.

Akzeptanz für Organisationshandeln: veränderte Rahmenbedingungen

Akzeptanzdefizite in der Gegenwartsgesellschaft sind zu einem handfesten Problem für die Realisierung vielfältiger politischer wie wirtschaftlicher und insbesondere industrieller Projekte geworden. (vgl. überblicksartig Bentele 2015) Dies wird beispielsweise an den Debatten rund um die Energiewende deutlich, die sich vor allem im Lokalen entladen. Wo Strommasten gebaut werden sollen, lässt der Protest (häufig gut organisierter) Bürgerinitiativen üblicherweise nicht lange auf sich warten. Das viel zitierte Beispiel des Bahn- und Stadtentwicklungsprojektes *Stuttgart 21* hat die Wirkmacht dieser Auseinandersetzungen bundesweit vor Augen geführt. Technologien wie CCS (Carbon Capture and Storage, also die Lagerung von CO_2 im Untergrund), die Genkartoffel Amflora oder die Atomenergie sind in den vergangenen Jahren an gesellschaftlichen Akzeptanzdefiziten gescheitert. Ursache für die Akzeptanzdefizite waren bei diesen Beispielen (ebenso wie bei *Stuttgart 21*) auch Wertkonflikte (vgl. hierzu Göschel 2013), die hervorgerufen wurden, weil Unternehmenshandeln nicht im Einklang mit gesellschaftlichen Normen und Werten stand. Gesellschaftliche Akzeptanz entsteht aber gerade erst dann, „wenn Eigenschaften von Akteuren und ihr Handeln in Übereinstimmung mit gesellschaftlichen Normen und Werten stehen und damit in der Gesellschaft als legitim gelten"

(Krebber 2016, S. 28). Unternehmen, Politik, Verbände – ja sämtliche gesellschaftliche Akteure – sind heute in stürmischem Fahrwasser unterwegs, nämlich in den „Stürmen politischer Auseinandersetzungen", die der Soziologe Ulrich Beck bereits 1993 beschrieb (S. 157). Becks zentrale Aussage ist, dass politische Auseinandersetzungen nicht mehr alleine in den traditionellen Arenen des Politischen stattfinden, sondern zwischen den beteiligten Akteuren unmittelbar ausgetragen werden. Die neue Artikulationsfähigkeit bestimmter, meist sozioökonomisch besser gestellter, Teile der Gesellschaft bricht sich Bahn in der Hinwendung zu direktdemokratischem Engagement – von der Teilnahme an Volksabstimmungen und Volksbegehren bis hin zum Protest auf der Straße (vgl. Hutter & Teune 2012; Walter 2013; Enke & Reinhardt 2015; Siegel & Thiele 2015). Befeuert wird diese „partizipative Neudefinition der Rolle des Bürgers" (Brand 2010, S. 123) durch eine allgemeine Zunahme des Bildungsniveaus, des Wohlstandes und postmaterieller Selbstverwirklichungswerte, die mit der gesellschaftlichen Modernisierung einhergehen. Inglehart (2001, S. 9965) schreibt dazu:

> „**Politische Auseinandersetzungen finden nicht mehr alleine in den traditionellen Arenen des Politischen statt, sondern werden zwischen den Beteiligten Akteuern unmittelbar ausgetragen.**"

„Postindustrial values give a higher priority to self-expression than to economic effectiveness: people are becoming less willing to accept the human costs of bureaucracy and of rigid social norms. Postmodern society is characterized by the decline of hierarchical institutions, and by the expansion of the realm of individual choice and mass participation."

Zusätzliche Resonanz erhalten die Proteste durch ihre mediale Vermittlung. Durch die sogenannten *Sozialen Netzwerke* im Internet (z.B. Facebook, Twitter und Weblogs) ist es heute grundsätzlich jeder Gruppe möglich, sich zu artikulieren, organisieren, vernetzen und mehr oder weniger große Öffentlichkeiten herzustellen und zu erreichen, was insbesondere Organisationstypen wie Bürgerinitiativen sehr zugute kommt. (vgl. Bieber 2006; Linke 2015) Skandalisierungstendenzen in journalistischen Massenmedien verstärken das ohnehin kritische Meinungsbild gegenüber Unternehmen (vgl. Pörksen & Detel 2012).

Dieser kursorische Überblick über gesellschaftliche Veränderungsprozesse zeigt das veränderte gesellschaftspolitische Umfeld für Unternehmenshandeln und damit auch ein erweitertes Aufgabenspektrum gesellschaftsorientierter Kommunikation *in* und *von* Unternehmen. Es ist zunehmend die Aufgabe der Unternehmenskommunikation, nicht mehr nur der Welt das Unternehmen, sondern auch „die Welt dem Unternehmen [zu] erklären" (Ehrhart 2013, S. 18), um auf diese Weise das Management zu beraten, wie es Unternehmenshandeln akzeptabel für die Gesellschaft gestalten kann. Im Kern geht es um die Legitimation des Unternehmens in der Gesellschaft – also darum, sicherzustellen, dass das Unternehmen seine Anerkennungswürdigkeit nicht verliert, seine *licence to operate* behält.

> **„Im Kern geht es um die Legitimation des Unternehmens in der Gesellschaft – also darum, sicherzustellen, dass das Unternehmen seine Anerkennungswürdigkeit nicht verliert, seine *licence to operate* behält."**

Der Organisationskommunikation (bzw. synonym Public Relations oder Unternehmenskommunikation) wird seit langem die Funktion zugeschrieben, für *Akzeptanz* zu sorgen (vgl. Bernays 1928 [2005]; Harlow 1976; Rolke 2009) bzw. einen Beitrag zur Sicherung der *licence to operate* zu leisten (Zerfaß 2014, S. 27), „weil es immer wieder von neuem notwendig ist, prinzipielle Handlungsspielräume sicherzustellen und konkrete Produkte bzw. Leistungsprozesse zu legitimieren" (Zerfaß 2010, S. 282; vgl. zur legitimatorischen Funktion der PR auch Cornelissen 2004 und Sandhu 2012). Im wissenschaftlichen Diskurs, wie auch in der Praxis, wird daher seit einigen Jahren verstärkt diskutiert, wie das Scharnier zwischen Unternehmen und ihrer Umwelt eigentlich auszugestalten ist. Wer für die Beziehungspflege zwischen Unternehmen und Stakeholdern verantwortlich ist. Wie Prozesse und Strukturen des Stakeholdermanagements beschaffen sein müssen. Konzepte aus der Praxis wie *Corporate Empathy* oder *Inside-out/Outside-in* sowie wissenschaftliche Ansätze wie *Organizational Listening* (Macnamara 2016) oder *Inputorientierte Organisationskommunikation* (Krebber 2016) konzeptualisieren den stärkeren Gesellschaftsbezug von Unternehmen und Unternehmenskommunikation und zeigen Wege der organisationalen, strukturellen Verankerung systematischer Austausch- und Aushandlungsprozesse zwischen Unternehmen und relevanten Stakeholdergruppen.

Inputorientierte Organisationskommunikation

Ich möchte im Folgenden näher das Konzept der Inputorientierten Organisationskommunikation schildern und dabei drei Facetten inputorientierter Organisationskommunikation vorstellen:

A **Modus und Strategie:** Der Grundgedanke, wie sich Unternehmen in der Gesellschaft legitimieren, leitet sich aus der Organisationssoziologie ab. (Meyer & Rowan 1977, Suchman 1995, Scott 2008) Kernaussage des Neo-Institutionalismus ist, dass sich Organisationen (wie etwa Unternehmen) dadurch legitimieren, dass sie in ihrem Handeln gesellschaftlichen Erwartungsstrukturen entsprechen. Zu diesen übergreifenden Erwartungsstrukturen, die breiter gesellschaftlicher Konsens sind, gehören heute in den westlichen Demokratien beispielsweise Ökologie und Partizipation. Unternehmenskommunikation als Management zweiter Ordnung (vgl. Nothhaft 2011) kann gesellschaftliche Erwartungen professionell identifizieren und das (Top-) Management bei seinen Entscheidungen auf dieser Basis beraten. Durch die Berücksichtigung relevanter Erwartungen (Inputs) kann Unternehmenshandeln dann akzeptabel ausgestaltet werden. Den größten Einfluss entfaltet die kommunikative Beratung, wenn sie bereits im Stadium der Strategie- und Projektentwicklung des Unternehmens einbezogen ist. Kommunikation ist dann nicht erst beim Vermitteln von Unternehmensentscheidungen gefragt – quasi um eine Schleife um ein fertiges Paket zu machen. Vielmehr kann Kommunikation auf die akzeptable Ausgestaltung von Organisationshandeln einwirken – den Inhalt des Pakets, um im Bild zu bleiben. In der Praxis wird dieser Modus bereits vielfach praktiziert. Nachvollziehen lässt er sich etwa in Infrastrukturprojekten, bei denen sich solche kommunikativen Einflüsse beispielsweise auf die Gestaltung von Bahnhöfen oder Trassenverläufen von Energieleitungen ausgewirkt haben.

B **Strukturen und Prozesse inputorientierter Organisationskommunikation:** Inputorientierte Organisationskommunikation braucht geeignete Strukturen und Prozesse auf mehreren Ebenen. Im *Tagesgeschäft* brauchen Kommunikationsabteilungen ein Issues Management, das frühzeitig Themen identifiziert, die die Reputation des Unternehmens belasten oder positiv fördern können. Diese Themen gilt es nicht nur kommunikativ zu bearbeiten, sondern auch einzuordnen, zu bewerten und dem (Top-) Management zugänglich zu machen. So können sie in

Managemententscheidungen berücksichtigt werden. Hierzu gehört neben dem Monitoring traditioneller Nachrichtenmedien auch die Analyse der sogenannten Sozialen Netzwerke im Internet. Das Issues Management sollte darüber hinaus mit dem Stakeholdermanagement verzahnt sein. Regelmäßige Runden von Stakeholdervertretern bieten die Chance, die kritische Sicht wichtiger Bezugsgruppen zu erfassen und in einen konstruktiven Dialog einzutreten.

Neben diesen Formaten der Regelkommunikation braucht es *anlassbezogen* geeignete Formate der Beteiligung, etwa in Konfliktsituationen. Hier ist zunächst zu prüfen, welches Ziel mit einem Beteiligungsprozess verfolgt wird. Sollen Stakeholder eigene Ideen zur Gestaltung eines Projektes einbringen? Sollen sie mitentscheiden? Eher beraten? Oder lediglich informiert werden? Das Ausmaß an möglicher Beteiligung hängt dabei von technischen, projektablaufbedingten oder strategischen Erwägungen des Vorhabenträgers ab und wird projektspezifisch meist in differenziertem Maße zugestanden (vgl. Krebber 2016).

C Rolle und Kultur für inputorientierte Organisationskommunikation: Eine beratende Rolle gegenüber dem (Top-) Management einnehmen zu können, ist ganz wesentlich abhängig vom Standing der Kommunikationsabteilung sowie des führenden Kommunikators in der Organisation. Diese Rolle muss mit Leben gefüllt werden, um von Dritten zugesprochen zu werden. Hierzu gehört der Nachweis der eigenen Kompetenz. Es ist zwingend relevant, unternehmensinterne und -externe Rahmenbedingungen für Entscheidungen zu kennen sowie mit Fragen der Unternehmensführung vertraut zu sein. Die Arbeit an der eigenen Rolle bedarf dabei einer ständigen Profilierung in der Organisation, um Anerkennung und Einfluss zu sichern. Dabei muss sich neben der gesamten Abteilung auch jeder einzelne Kommunikator profilieren.

Will die Unternehmenskommunikation ein erweitertes Leistungsangebot unterbreiten, braucht auch der einzelne Kommunikator ein erweitertes Kompetenzrepertoire. Dazu gehören beispielsweise Kompetenzen im Bereich Moderation von Diskussionsveranstaltungen oder Fähigkeiten zum kommunikativen Empowerment von Mitarbeitern außerhalb der Kommunikationsabteilung. So haben Übertragungsnetzbetreiber beispielsweise gute Erfahrungen damit gemacht, Ingenieure in Informationsveranstaltungen einzubeziehen, die dort technische Aspekte der Energieleitungen vermitteln konnten. Sie zu schulen, ist eine der neuen Aufgaben der Unternehmenskommunikation.

Konsequenzen für das Berufsfeld

Während in den letzten Abschnitten Konsequenzen für Unternehmen und Kommunikatoren abgeleitet wurden, ziehe ich abschließend Schlussfolgerungen für das Berufsfeld. Sie sollen – thesenartig formuliert – als Impuls für die weitere Debatte in der DPRG wie auch dem Berufsfeld insgesamt dienen.

1. Die Debatte um Akzeptanz betrifft nicht alleine Industrie- und Infrastrukturprojekte. Vielmehr zeigt sich ein gesellschaftlicher Wandel, der für sämtliche Organisationen, vom Großunternehmen bis hin zum städtischen Orchester, relevant ist. Die Beteiligung relevanter Stakeholder wird zur Normalität. Im Berufsfeld sollte Akzeptanz daher nicht eng geführt diskutiert werden, sondern als übergreifendes Thema moderner Organisations- bzw. Unternehmensführung und -kommunikation. Gleichzeitig braucht es einen Austausch zu Kommunikation in spezifischen Konfliktsituationen wie sie bei großen Infrastruktur- und Bauvorhaben gegeben sind.

2. Um die Qualität von Beteiligungsprozessen zu sichern, sind gemeinsame Standards erforderlich. Schon heute ist zu beobachten, dass erlebte Enttäuschungen mit bisherigen Beteiligungsverfahren eine negative Grundstimmung gegenüber Vorhabenträgern hervorrufen. Bestimmte Regionen werden künftig immer wieder von Infrastrukturprojekten betroffen sein. Das Bündelungsgebot sieht eine Mehrfachbelastung bestimmter Korridore für Infrastrukturen vor. Auch in vielen Städten werden Bürger perspektivisch zu verschiedensten Themen wiederholt beteiligt werden. Dabei darf es nicht zu einer grundlegenden Ablehnung und Enttäuschung gegenüber solchen Prozessen kommen. Ihre legitimierende Wirkung ginge verloren. Ein „Partizipations-Kodex" als Instrument der Selbstverpflichtung könnte helfen, verbindliche Standards gegenüber den Beteiligten in Partizipationsprozessen zu kommunizieren. Dabei muss von Anfang an das Ausmaß der Beteiligung transparent gemacht werden, um Enttäuschungen zu vermeiden.

3. Verbindliche, gemeinsame Grundsätze für Beteiligung lassen sich jedoch nicht alleine durch Kommunikatoren definieren. Der Schulterschluss zwischen Kommunikatoren und weiteren Akteuren ist hierbei zentral. Die gemeinsame Erklärung „Technische Großprojekte und Akzeptanz" von VDI und DPRG (2017) ist ein wichtiger Meilenstein. Der branchen- und disziplinenübergreifende Austausch auf Ebene der (Berufs-) Verbände wie auch der stetige Austausch mit der Zivilgesellschaft zu Grundsätzen von Beteiligungsprozessen sollte verstetigt werden.

Literaturverzeichnis

[1] Beck, U. (1993): Die Erfindung des Politischen: Zu einer Theorie reflexiver Modernisierung, Frankfurt am Main: Suhrkamp

[2] Bentele, G., Bohse, R., Hitschfeld, U., & Krebber, F. (2015): Akzeptanz in der Medien- und Protestgesellschaft – Gedanken, Analysen, Thesen. In G. Bentele, R. Bohse, U. Hitschfeld, & F. Krebber (Hrsg.), Akzeptanz in der Medien- und Protestgesellschaft, Wiesbaden: Springer VS

[3] Bernays, E. L. (2005): Propaganda, New York: Ig

[4] Bieber, C. (2006): Weblogs, Podcasts und die Architektur der Partizipation. Forschungsjournal Soziale Bewegungen, 19(2), 60–67

[5] Brand, K.-W. (2010): Die Neuerfindung des Bürgers. In T. Olk, A. Klein, & B. Hartnuß (Hrsg.), Engagementpolitik (S. 123–152), Wiesbaden: Springer VS

[6] Cornelissen, J. (2004): Corporate communications: theory and practice, London: Sage

[7] DPRG Deutsche Public Relations Gesellschaft e.V. & VDI Verein Deutscher Ingenieure (2017): Gemeinsame Erklärung Technische Großprojekte und Akzeptanz. http://i13.mnm.is/AnhangDatei.aspx?ID=196&G=257072&M=29

[8] Göschel, A. (2013): „Stuttgart 21": Ein postmoderner Kulturkonflikt. In F. Brettschneider & W. Schuster (Hrsg.), Stuttgart 21 (S. 149–172), Wiesbaden: Springer VS

[9] Harlow, R. F. (1976): Building a public relations definition, Public Relations Review, 2(4), 34–42, http://doi.org/10.1016/S0363-8111(76)80022-7

[10] Hutter, S., & Teune, S. (2012): Politik auf der Straße: Deutschlands Protestprofil im Wandel, Aus Politik und Zeitgeschichte, (25-26/2012), 9–17

[11] Inglehart, R. (2001): Modernization, Sociological Theories of. In Editors-in-Chief: Neil J. Smelser & Paul B. Baltes (Hrsg.), International Encyclopedia of the Social & Behavioral Sciences (S. 9965–9971), Oxford: Pergamon

[12] Krebber, F. (2016): Akzeptanz durch inputorientierte Organisationskommunikation – Infrastrukturprojekte und der Wandel der Unternehmenskommunikation, Wiesbaden: Springer VS

[13] Linke, A. (2015): Akzeptanzdebatten in veränderten Medienlandschaften. In G. Bentele, R. Bohse, U. Hitschfeld, & F. Krebber (Hrsg.), Akzeptanz in der Medien- und Protestgesellschaft (S. 99–112), Wiesbaden: Springer VS

[14] Macnamara, J. (2016): Organizational listening: Addressing a major gap in public relations theory and practice, Journal of Public Relations Research, 28(3–4), 146–169 https://doi.org/10.1080/1062726X.2016.1228064

[15] Meyer, J. W., & Rowan, B. (1977): Institutionalized Organizations: Formal Structure as Myth and Ceremony, American Journal of Sociology, 83(2), 340–363

[16] Nothhaft, H. (2011): Kommunikationsmanagement als professionelle Organisationspraxis: theoretische Annäherung auf Grundlage einer teilnehmenden Beobachtungsstudie, Wiesbaden: VS Verlag für Sozialwissenschaften

[17] Pörksen, B., & Detel, H. (2012): Der entfesselte Skandal. Das Ende der Kontrolle im digitalen Zeitalter, Köln: Herbert von Halem

[18] Rolke, L. (2009): Public Relations – die Lizenz zur Mitgestaltung öffentlicher Meinung. In U. Röttger (Hrsg.), Theorien der Public Relations (S. 173–198), Wiesbaden: VS Verlag für Sozialwissenschaften

[19] Sandhu, S. (2012): Public Relations und Legitimität – der Beitrag des organisationalen Neo-Institutionalismus für die PR-Forschung, Wiesbaden: Springer VS

[20] Scott, W. R. (2008): Institutions and organizations. Ideas and interests, 3. Aufl., Los Angeles CA: Sage Publications

[21] Siegel, K., & Thiele, F. (2015): Akzeptanzkonflikte auf der Straße. In G. Bentele, R. Bohse, U. Hitschfeld, & F. Krebber (Hrsg.), Akzeptanz in der Medien- und Protestgesellschaft (S. 75–98), Wiesbaden: Springer VS

[22] Suchman, M. C. (1995): Managing Legitimacy: Strategic and Institutional Approaches, Academy of Management Review, 20(3), 571–610

[23] Walter, F. (2013): Bürger in Bewegung, Zur Einführung. In S. Marg, L. Geiges, F. Butzlaff, & F. Walter (Hrsg.), Die neue Macht der Bürger: Was motiviert die Protestbewegungen? BP-Gesellschaftsstudie (S. 9–13), Reinbek bei Hamburg: Rowohlt

[24] Zerfaß, A. (2010): Unternehmensführung und Öffentlichkeitsarbeit: Grundlegung einer Theorie der Unternehmenskommunikation und Public Relations, 3. aktualisierte Aufl., Wiesbaden: VS Verlag für Sozialwissenschaften

[25] Zerfaß, A. (2014): Unternehmenskommunikation und Kommunikationsmanagement: Strategie, Management und Controlling. In A. Zerfaß & M. Piwinger (Hrsg.), Handbuch Unternehmenskommunikation, 2. vollst.überarb. Aufl., (S. 21–79), Wiesbaden: Springer Gabler

Vita

Dr. Felix Krebber

Professor für
Unternehmenskommunikation
Hochschule Pforzheim

Felix Krebber lehrt und forscht zu gesellschaftsorientierter Kommunikation. Zuvor war er tätig für navos (Jung von Matt-Gruppe, Düsseldorf/Berlin) sowie LAUTENBACH SASS Unternehmensberater für Kommunikation, wo er internationale Großunternehmen beriet. In seiner Promotion befasste sich Krebber mit Akzeptanz und Kommunikation bei Infrastrukturprojekten. Zu diesem Thema erschien auch der Band „Akzeptanz in der Medien- und Protestgesellschaft", dessen Mitherausgeber er ist. Die Dissertationsschrift ist im Buchhandel erhältlich unter dem Titel „Akzeptanz durch inputorientierte Organisationskommunikation – Infrastrukturprojekte und der Wandel der Unternehmenskommunikation" (Wiesbaden, Springer VS).

Unternehmensverantwortung und strategische Akzeptanzkommunikation

Von Nicole Roschker und Riccardo Wagner

Unternehmensverantwortung und Nachhaltigkeit, (engl. Corporate Social Responsibility, kurz CSR, und Sustainability) und Akzeptanzkommunikation sind in zweifacher Hinsicht eng miteinander verbunden. Die Akzeptanz des Themas CSR kann durch professionelle Kommunikation, die relevante Stakeholder entsprechend einbindet und mitnimmt, sowohl innerhalb der Organisation als auch nach außen hin verbessert werden. Und nachhaltiges und verantwortungsvolles Management kann zur generellen Akzeptanz und Reputation eines Unternehmens oder einer Organisation beitragen.

Beide Perspektiven bedingen sich gegenseitig: Ohne Akzeptanzkommunikation gibt es keine wirkungsvolle Umsetzung einer nachhaltigen Unternehmensstrategie und ohne authentische und gelebte Unternehmensverantwortung und Einbindung der Beteiligten wenig Akzeptanz und damit Legitimation der (CSR-/Akzeptanz-) Kommunikation, welche dann leicht als Greenwashing enttarnt wird. Akzeptanzkommunikation ist somit ebenso wie CSR-Kommunikation eine Frage des Inhaltes und eine Frage der Form: Was wird kommuniziert oder erzählt und wie wird es vermittelt.

CSR ist nicht Greenwashing

Für die Akzeptanz des Inhaltes sei zunächst und in aller Kürze festgestellt, dass nachhaltiges Management alle Stufen der Wertschöpfung eines Unternehmens und somit alle ökonomischen, ökologischen und sozialen Aspekte der Unternehmensführung umfasst und damit auch alle Facetten der Unternehmenskommunikation und des Marketings berührt. Wer CSR immer noch mit freiwilligem sozialem Engagement außerhalb der eigentlichen Geschäftstätigkeit einer Organisation gleichsetzt und auf Spendenaktionen reduziert, hat die Entwicklungen der letzten Jahre auf nationaler wie internationaler Ebene wohl verpasst. Ein falsch verstandener Ablasshandel wird zurecht als Green- oder Bluewashing kritisiert – mit CSR- oder Akzeptanzkommunikation hat dies nichts zu tun, denn mit Spenden und Sponsoring lässt sich keine Legitimation von Geschäftsmodellen erkaufen, die Mensch und Umwelt schaden.

Profitmaximierung contra Nachhaltigkeit – CSR verändert die Legitimationsgrundlage von Unternehmen

Bereits hier erfolgt die zentrale Weichenstellung für Akzeptanz. Eine ins Kerngeschäft eingebettete Verantwortungs- und Nachhaltigkeitsstrategie hat die Zukunftsfähigkeit des Unternehmens zum Ziel. Aus kommunikativer Sicht bedeutet dies, dass durch ökologische, politische, demographische und kulturelle Veränderungen ein tiefgreifender gesellschaftlicher Wandel erfolgt, der das grundlegende Narrativ von Unternehmen (Hine und Preuss 2009), wenn nicht gar der Wirtschaft an sich (Ki-moon 2007), ändert.

Die von Milton Friedmann formulierte These, die soziale Verantwortung von Unternehmen bestehe in der Profitmaximierung, wird spätestens seit dem Brundtland-Bericht und den in den darauffolgenden Jahren definierten Zielen einer nachhaltigen globalen Entwicklung vermehrt in Frage gestellt. Ob sich das Narrativ von Unternehmen hierdurch wandelt, sei es von außen oder innen, spielt für die Kommunikation dabei zunächst eine untergeordnete Rolle. Die eingangs formulierten Fragen nach Inhalt und Form von Akzeptanzkommunikation behandeln lediglich nachgelagerte inhaltliche Gestaltungsfragen des Narrativs.

Aus dieser Perspektive heraus ist das CSR-Management ein Methodenset, das helfen soll, das Handeln des Unternehmens diesem Narrativ anzugleichen, bzw. ein neues Narrativ für das Unternehmen zu schaffen. Um die notwendige Akzeptanz innerhalb und außerhalb der Organisation zu erlangen, muss das CSR Management eine zukunftsfähige Strategie samt Maßnahmen entwickeln und diese dann in einer für alle Beteiligten akzeptablen Weise umsetzen. Alles unter der Vorgabe der bekannten Leitlinien und Standards, also im Dialog mit Stakeholdern und nach den Maßgaben der Materialität.

> „Um die notwendige Akzeptanz innerhalb und außerhalb der Organisation zu erlangen, muss das CSR Management eine zukunftsfähige Strategie samt Maßnahmen entwickeln."

Die CSR-Kommunikation ist für beide Aufgaben der entscheidende Schlüssel zur Umsetzung von CSR-Management und Strategie (Walter 2014, Santhosh und Barral 2015). Weder die Analyse der notwendigen Maßnahmen, noch die effektive und wirkungsvolle Umsetzung mit dem Ziel der Akzeptanz sind ohne bewusste und zielorientierte Kommunikation denkbar. Doch was heißt Zukunftsfähigkeit konkret für die Akzeptanz seitens der Stakeholder?

Innovation und Wandel für Akzeptanz und Glaubwürdigkeit

Wer über CSR spricht, stellt sich die Frage: „Wie verdienen wir unser Geld?" und zwar in ökonomischer, wie auch ökologischer, sozialer und kultureller Hinsicht. Dies geschieht in Abgrenzung zur Frage „Was machen wir mit unserem verdienten Geld", wie wir sie aus der philanthropischen Sicht kennen (Spenden und gute Taten).

Die Frage „Wie verdienen wir unser Geld" zieht Fragestellungen nach sich, die wiederum Veränderung und Innovation zur Folge haben. Dass es hier für viele Unternehmen noch sehr viele Hausaufgaben zu erledigen gibt, ist unschwer zu erkennen. Das Problem: Niemand mag Wandel wirklich gern.

Wenn Wandel dann noch lediglich top down angeordnet wird, um sich z.B. extrinsisch motiviert wenig fassbaren Normen zu unterwerfen oder um eine Scheinwelt aus Gutmenschentum aufzubauen, trifft dies weder bei Führungskräften noch Belegschaft oder Kunden auf Begeisterung und Akzeptanz.

Werte sind sinnstiftend und Sinn schafft Akzeptanz

So stellt sich die Frage nach dem Kern der zu vermittelnden Inhalte, bevor wir auf die Form zu sprechen kommen. Wer Akzeptanz für Wandel dauerhaft und glaubhaft erreichen möchte, muss überzeugen und motivieren. Ökonomische Anreize und Steuerungsmechanismen leisten dies in nur sehr begrenzten Umfang. Die Perspektive: „Was habe ich davon?", wie sie sinnbildlich für das Streben nach Geld und Macht steht, greift deshalb zu kurz. Mitarbeiter, als handelnde Akteure in einer Unternehmung, aber auch Kunden, können aus dieser Perspektive längerfristig keinen tragfähigen Sinn generieren. Die richtige Frage lautet: „Wenn ich das tue/kaufe, wer bin ich dann?" (Berschneider, 2003:47)

Folgt man Elisabeth Lukas, die sich, in der Tradition von Viktor E. Frankl, dem Begründer der Logotherapie, intensiv mit dem Streben der Menschen nach Sinn auseinandergesetzt hat, dann sind Handlungen für Menschen sinnvoll, wenn sie folgende Parameter erfüllen:

- sie bieten eine überragende Chance, Gutes zu tun

- sie berücksichtigen das Wohl aller Beteiligten

- sie sind frei von selbstsüchtiger Motivation

- sie sind im Hier und Jetzt äußerst konkret

- sie über- oder unterfordern nicht

- sie sind geeignet zum Konsens

- sie lassen die Kraft, es zu wollen, zufließen

Hierauf zahlen Unternehmensverantwortung und Nachhaltigkeit in vollem Umfang ein; denn richtig verstanden geht es um einen Mehrwert für Menschen, Unternehmen und Gesellschaft, und hieraus lassen sich sehr konkrete Maßnahmen und Projekte ableiten.

Eine strategische Akzeptanzkommunikation kann die Ausbildung und (Weiter-)Entwicklung einer sinnorientierten Unternehmenskultur erfolgreich vermitteln.

Wer hier CSR nur auf der Prozess- und Strukturebene denkt und versucht, diese Denkweise in Checklisten zu pressen, wird es schwer haben. Denn schlussendlich muss CSR strategisch in das Unternehmen und seine Kultur integriert werden, denn nur so kann ein Umfeld geschaffen werden, in dem Veränderungen möglich sind. Dies zeigt ein Blick in die Neurowissenschaften und die medizinische Forschung, insbesondere der Salutogenese (der Erforschung der Entstehung

> „Eine strategische Akzeptanzkommunikation kann die Ausbildung und (Weiter-)Entwicklung einer sinnorientierten Unternehmenskultur erfolgreich vermitteln."

von Gesundheit vs. Pathogenese, der Erforschung der Entstehung von Krankheiten). Beide Forschungsfelder befassen sich ebenso wie die Kommunikationsforschung mit der Entstehung und Veränderung von Einstellungen und Akzeptanz.

So zeigen die Erfahrungen der neurowissenschaftlich fundierten Salutogenese, dass für Haltungsänderungen „günstige Erfahrungen" geschaffen werden müssen – allerdings erfolgen diese nur auf freiwilliger Basis und können nicht erzwungen werden. Die Hirnforschung (Hüther 2011) zeigt, dass man Menschen einladen und nicht dazu zwingen kann, sich einem solchen Prozess zu stellen. Voraussetzung für Haltungsänderungen von Individuen ist, dass der Einzelne grundsätzlich das Gefühl haben sollte, akzeptiert und gemocht zu werden und dass der Prozess ergebnisoffen ist. Dies wirkt gegebenenfalls in einer zweiten Stufe ermutigend und inspirierend für eine Haltungsänderung. Hier hilft die oft übliche Anweisungskommunikation nicht weiter. Ähnliches gilt für ein eher rationales ökonomisches Menschenbild, das vor allem die isolierte extrinsische (finanzielle) Motivation als Antrieb zur Verhaltensänderung unterstellt. Denn es gehört zum inspirierenden (kommunikativen) Umfeld und zur Ansprache, welche die Stakeholder „erleben" oder „fühlen" können (vergl. hier auch Davies und Crane 2009), entsprechende neue Muster im Gehirn auszubilden („neurons that fire together, wire together").

Sind diese Voraussetzungen gegeben, kann sich daraus ein Kohärenzgefühl als zentraler Aspekt der Salutogenese einstellen, das von Aaron Antonovsky (Antonovsky 1997) beschrieben wurde und das sich im Wesentlichen aus drei Aspekten zusammensetzt und sehr gut mit der zuvor vorgestellten Frankl-Sichtweise harmoniert:

1. Die Fähigkeit, die Zusammenhänge des Lebens zu verstehen – das Gefühl der Verstehbarkeit (Sensemaking & Sensegiving)

2. Die Überzeugung, das eigene Leben gestalten zu können – das Gefühl der Handhabbarkeit (Ownership)

3. Der Glaube an den Sinn des Lebens – das Gefühl der Sinnhaftigkeit (transzendenter Sinn).

Diesen „Sinn für Kohärenz" stellt Antonovsky ins Zentrum seiner Antwort auf die Frage „Wie entsteht Gesundheit?" Die Frage lässt sich auch auf Basis der vorliegenden Erkenntnisse dieser Arbeit wie folgt auf Unternehmensverantwortung und CSR anwenden: „Wie entsteht eine nachhaltige Unternehmenskultur als unverzichtbare Basis für Akzeptanz?" Die Antworten lassen sich dann auch in Anlehnung an Antonovsky in einem Pyramidenmodell als „salutogenetisches CSR-Kohärenzmodell darstellen, siehe Abbildung 1.

Das Kohärenzmodell zeigt klar, dass Unternehmensverantwortung und Nachhaltigkeit an sich ein erhebliches Potenzial haben, sinnstiftend zu wirken. Das ist aber nur dann der Fall, wenn CSR in die Unternehmensstrategie integriert ist und Motivation, Ziele, Wertbeiträge und auch Kosten von CSR klar aufgezeigt werden und damit nachvollziehbar sind. CSR ist dann sinnstiftend und führt zu Akzeptanz, wenn sich Mitarbeiter für CSR mit verantwortlich fühlen und mitgestalten können und sich insbesondere durch professionelle CSR-Kommunikation echtes „Ownership" herausbilden kann.

Geschichten vermitteln Sinn und damit Akzeptanz

Aus handwerklich-kommunikativer Sicht sollte bei der Art und Weise bzw. Form der Kommunikation immer bedacht werden, dass Sinn nicht befohlen, übergeben oder diktiert werden kann. Jeder Stakeholder muss diesen im eigenen Erleben für sich selbst konstruieren können. Klassische eher funktionalistisch-instrumentelle Kommunikationskonzeptionen stoßen hier leicht an ihre Grenzen.

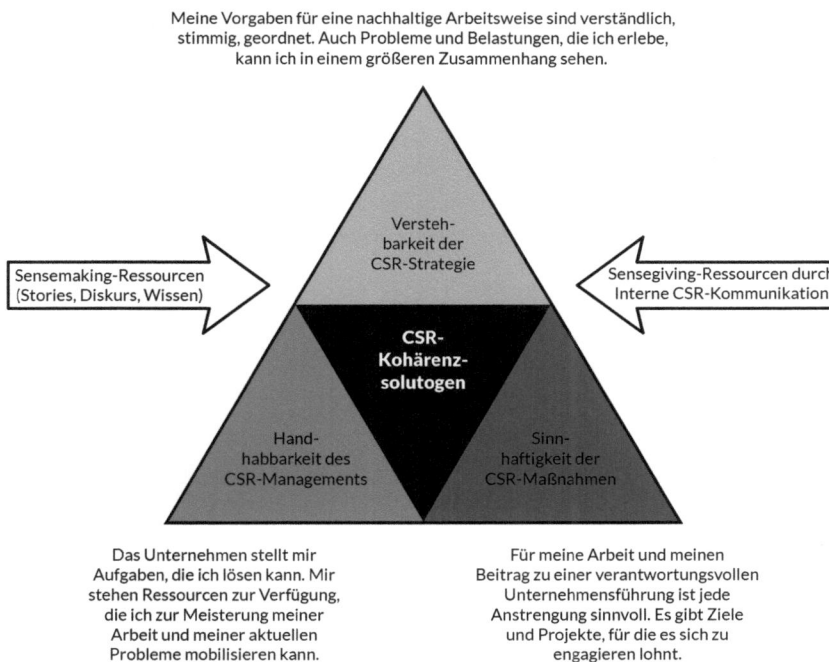

Meine Vorgaben für eine nachhaltige Arbeitsweise sind verständlich, stimmig, geordnet. Auch Probleme und Belastungen, die ich erlebe, kann ich in einem größeren Zusammenhang sehen.

Sensemaking-Ressourcen (Stories, Diskurs, Wissen) →

Verstehbarkeit der CSR-Strategie

← Sensegiving-Ressourcen durch Interne CSR-Kommunikation

CSR-Kohärenz-solutogen

Handhabbarkeit des CSR-Managements

Sinnhaftigkeit der CSR-Maßnahmen

Das Unternehmen stellt mir Aufgaben, die ich lösen kann. Mir stehen Ressourcen zur Verfügung, die ich zur Meisterung meiner Arbeit und meiner aktuellen Probleme mobilisieren kann.

Für meine Arbeit und meinen Beitrag zu einer verantwortungsvollen Unternehmensführung ist jede Anstrengung sinnvoll. Es gibt Ziele und Projekte, für die es sich zu engagieren lohnt.

Abb. 1: Salutogenetisches CSR-Kohärenzmodell, in Anlehnung an Antonovsky und Keupp, eigene Darstellung

Karl E. Weick, ein international bekannter Organisationspsychologe, hat hierfür mit seinen Forschungen und der Theorie des Sensemaking hilfreiche

Anregungen für die strategische Akzeptanzkommunikation gegeben. Das von ihm beschriebene Sensemaking ist ein sozialer Prozess; es muss also genügend Raum für fortlaufende Interaktion und soziale Aushandlung von Bedeutungen und Sinn geben. In der Kommunikation muss der Fokus keineswegs auf Vollständigkeit und Genauigkeit gelegt werden, sondern vielmehr auf Plausibilität, die Anknüpfung an bestehende Bilder und Frames in der Unternehmensdarstellung und das Herausstellen besonderer Symbole und Geschichten (vgl. Weick, 1995).

Beim Blick auf vorliegende CSR Kommunikationsmodelle und Theorien zeigt sich, dass die Perspektive der Narrativität eher unterbelichtet ist (Wagner 2017). Grund genug also, den hier etablierten Gedanken der Narrativität mit CSR zu verbinden und eine Kategorisierung entlang prototypischer narrativer CSR-Motive vorzunehmen. Diese Kategorisierung kann helfen, in der Kommunikationspraxis genauer zu bestimmen und zu steuern, welche Narrative eingesetzt werden können.

Narratives CSR Kommunikationsmodell			
Kommunikation	**von CSR**	**über CSR**	**für CSR**	**mit CSR**
Klassifizierung	CSR-Kommunikation im weiteren Sinne („CSR PR")		CSR-Kommunikation	Kommunikations-CSR/Ethik
Narrativ	„nachhaltiges Unternehmen"	„CSR-Management"	„Ko-Konstruktion von CSR"	„Rahmenbedingungen der Kommunikation"
Charakter	Erfolgs-kommunikation	Fortschritts-kommunikation	Prozess-kommunikation	Meta-Kommunikation
Medium	Portrait, Bericht	Bericht, Report	Storytelling, Diskurs	Diskurs, Kodex
Ideal	Sensegiving	Sensegiving	Sensemaking & Sensegiving	Sensemaking & Sensegiving
Ziel	Persuasion	Information	Integration	Regulation
Adressat	Kunden	Kunden, Multiplikatoren	Mitarbeiter, Zulieferer	Mitarbeiter, Multiplikatoren

Abb. 2: *Wagners narratives CSR-Kommunikationsmodell, erweiterte Darstellung in Anlehnung an Wagner (2017), eigene Darstellung*

Bei dem hier vorgeschlagenen Modellansatz (siehe Abbildung) handelt es sich um einen ersten groben Entwurf einer narrativen Sichtweise auf CSR-Kommunikation. Dennoch findet sich hier zum einen eine klare Grenzziehung zwischen der unmittelbaren, dem CSR-Management zugeordneten Kommunikation („für CSR"), die hier als eigentliche CSR-Kommunikation bezeichnet wird, der weiteren Kommunikation CSR-naher Themen

(„über CSR" und „von CSR"), die hier als CSR-Kommunikation im weiteren Sinne („CSR-PR") klassifiziert wird und der grundlegenden Fundierung der Kommunikation nach den Maßstäben einer Kommunikation mit Verantwortung, Nachhaltigkeit und ethischer Orientierung („mit CSR").

Im Bereich der Kommunikation wird hier klar getrennt zwischen unterschiedlichen Themen und Zielen der CSR-Kommunikation. Ziel ist es, hier deutlich zu machen, dass die CSR-Kommunikation je nach Bedeutung und Rolle von CSR sowie Adressaten unterschiedliche Aufgaben erfüllt.

Insgesamt bietet das narrative CSR-Kommunikationsmodell eine klare Abgrenzung im Hinblick auf die Fragen „Was ist CSR-Kommunikation?" und „Was ist der Zweck von CSR-Kommunikation?", die von Crane und Glozer (2016) gestellt wurden.

Fazit: Akzeptanzkommunikation und CSR-Kommunikation unterscheiden sich lediglich hinsichtlich des Themenspektrums

Die Akzeptanz interner und externer Stakeholder von Unternehmen und Organisationen im Hinblick auf CSR kann dann erreicht werden, wenn CSR-Management ganzheitlich betrieben wird. Hierbei sollten aus inhaltlicher und formaler Sicht die inhaltlich-normativen Potenziale von CSR mit den Potenzialen des Sensemaking verbunden und die Narration und das Storytelling als Medium für Sensemaking (Taylor 2009) genutzt werden. Für die CSR- und Akzeptanzkommunikation bedeutet dies, der Unternehmens- und CSR-Strategie entsprechend schlüssige ebenso wie emotionale Geschichten zielgruppenspezifisch für die jeweiligen Adressaten (vergl. Tab 1) zu erzählen. Zugleich sollten die Stakeholder selbst die Möglichkeit haben, sich aktiv über Begegnungsräume in der persönlichen sowie medialen Kommunikation intern wie extern z.B. über Social Media auszutauschen und ihre Stories wiederum zu teilen.

> „Für die CSR- und Akzeptanzkommunikation bedeutet dies, der Unternehmens- und CSR-Strategie entsprechend schlüssige ebenso wie emotionale Geschichten zielgruppenspezifisch für die jeweiligen Adressaten zu erzählen."

Der Prozess der Partizipation sollte hierbei aktiv gefördert werden und genau hierin liegt nach Krebber die Herausforderung für die Akzeptanzkommunikation, die sich gleichermaßen für CSR-Kommunikation stellt: Die aktive Einbindung von Beteiligten und Betroffenen in Entscheidungsprozesse von Unternehmen und Organisationen. Bereits bei der Planung von Maßnahmen muss die Kommunikation Erwartungshaltungen verschiedener Stakeholder-Gruppen antizipieren und diese in ihre Entscheidungen mit einbeziehen (Krebber 2015, 5), andernfalls lässt sich Legitimation nur schwer herstellen.

Akzeptanzkommunikation und umfassende CSR-Kommunikation die wie oben im narrativen CSR-Kommunikationsmodell dargestellt interne wie externe Beteiligte gleichermaßen adressiert und einbindet und auf Basis der Inhalte sinnstiftend wirkt, unterscheiden sich lediglich dadurch, dass CSR-Kommunikation sich auf das definierte Themenspektrum der Nachhaltigkeit konzentriert und die Akzeptanzkommunikation thematisch durchaus weiter gefasst ist. Herangehensweise und Ziel beider Disziplinen sind nahezu identisch.

Literatur

[1] Anotnovsky, A. (1997): Salutogenese – Zur Entmystifizierung der Gesundheit, Tübingen: DGVT Verlag

[2] Berschneider, W. (2003): Sinnzentrierte Unternehmensführung – Was Viktor E. Frankl den Führungskräften der Wirtschaft zu sagen hat, Lindau im Bodensee: Orthaus Verlag

[3] Crane, A., Glozer, S. (2016): Researching csr communication: Themes, opportunities and challenges, in: Journal of Management Studies, Vol. 53, Nr.7, 1223-1252

[4] Hine, J.A.H., Preuss, L. (2009): "Society is Out There, Organisation is in Here": On the Perceptions of Corporate Social Responsibility Held by Different Managerial Groups, in: Journal of Business Ethics, Vol.88, Nr.2, 381-393

[5] Hüther, G. (2011): Keynote Hauptstadtkongress Medizin und Gesundheit 2011, Online (Video): https://www.youtube.com/watch?v=SQEq9trlaEk&t=1811s , letzter Abruf 25.9.2017

[6] Ki-moon, B. (2007): Ban Ki-moon's perspective on business: what does the Secretary-General say about private sector engagement and corporate social responsibility? URL: https://business.un.org/en/documents/227, letzter Abruf 13.3.2018

[7] Krebber, F. (2015): Akzeptanz durch inputorientierte Organisations-kommunikation. Leipzig: 2015

[8] Santhosh, M., Barral, R. (2015): A Conceptual Framework for Exploring the Impacts of Corporate Social Responsibility on Employee Attitudes and Behaviour, in: Journal of Human Values, Vol. 21, Nr. 2, 127-136

[9] Taylor, J. R. (2009): Organizing from the Bottom Up? Reflections on the Constitution of Organization in Communication. in: Putnam, L. L., Nicotera, A. M. (Hrsg.): Building Theories of Organization. The Constitutive Role of Communication, New York: Routledge, 153-186

[10] Wagner, R. (2017): Sensemaking und Sensegiving: Institutionalisierung von Unternehmensverantwortung durch interne Kommunikation, Dissertation, Universität Greifswald, unveröffentlicht

[11] Walter, B.L. (2014): Corporate Social Responsibility: Towards a Phase Model of Strategic Planning, in: Tench, R., Sun, W., Jones, B. (Hrsg.), Communicating Corporate Social Responsibility: Perspectives and Practice, Bingley: Emerald, 59-80

[12] Weick, K.E. (1995): Sensemaking in Organizations, Thousand Oaks: Sage

Abbildungen

[1] Abb. 1: Salutogenetisches CSR-Kohärenzmodell, in Anlehnung an die Abbildung: Die drei Dimensionen + Einflussfaktoren zum Kohärenz-gefühl nach Antonovsky mit Zitaten von Heiner Keup, Quelle: https://commons.wikimedia.org/wiki/File%3ADreieck_der_Salutogenese_mit_Zitaten.png, Credit: By Florian Krause (Own work) [CC BY-SA 4.0 (https://creativecommons.org/licenses/by-sa/4.0)], via Wikimedia Commons from Wikimedia Commons, eigene Darstellung

[2] Abb. 2: Wagners narratives CSR-Kommunikationsmodell, erweiterte Darstellung in Anlehnung an Wagner (2017), eigene Darstellung

Vita

Nicole Roschker, M.A., MBA

Nicole Roschker begleitet Unternehmen und (gemeinnützige) Organisationen bei Veränderungsprozessen, insbesondere im Hinblick auf Change Communications. Inhaltliche Schwerpunkte sind CSR und HR-Themen, u.a. Arbeiten 4.0. Nicole Roschker war über 20 Jahre in leitenden Positionen in der Unternehmenskommunikation und im Bereich Corporate Responsibility großer Unternehmen tätig. Sie ist zertifizierte Organisationsentwicklerin, Autorin und u.a. Herausgeberin der Publikation CSR & Interne Kommunikation (SpringerGabler) und leitet den AK CSR-Kommunikation der DPRG gemeinsam mit Riccardo Wagner.

Riccardo Wagner, M.A.

Head of Marketing & PR
moneymeets Köln

Inhaber der Agentur BetterRelations

Riccardo Wagner ist zertifizierter Unternehmens- und PR-Berater, Herausgeber und Autor der Publikation CSR & Social Media sowie CSR & Interne Kommunikation im Rahmen der CSR-Managementreihe (SpringerGabler). Er leitet zudem den Arbeitskreis CSR-Kommunikation (DPRG/DNWE) sowie das Orga-Team des Deutschen CSR-Kommunikationskongresses und ist Lehrbeauftragter an der Fachhochschule des Mittelstandes und der Macromedia Hochschule für Medien und Kommunikation.

Erfolgreiche Akzeptanzkommunikation nach der Finanzkrise

Von Christian Achilles

Die Finanzkrise war eine entscheidende Zäsur, die das Kundenvertrauen bis heute belastet. Die Sparkassen haben sich in den Vertrauenswerten von der Branche weitgehend abkoppeln können. Dennoch haben auch die Sparkassen als Folge der Finanzkrise deutliche Veränderungen in ihrer Marken- und Kommunikationsstrategie vollzogen.

Die Kreditwirtschaft (von lat. credere: glauben, vertrauen) ist schon dem Namen nach eine auf Vertrauen beruhende Branche. Wir verkaufen weiterhin Waren, die im Kopf der Kunden entstehen. Aus der Perspektive unserer Kundinnen und Kunden geht es dabei gar nicht um Finanzprodukte, sondern darum, was sie mit deren Hilfe eines Tages tun können, wie viel Unabhängigkeit von wirtschaftlichen Zwängen für sie erreichbar ist oder vor welchen Lebensrisiken sie sich schützen können. Die Herausforderung des Bankgeschäfts ist es, im Kopf des Beraters und der Kunden hierzu gleiche und vor allem dauerhaft belastbare Vorstellungen zu erzeugen.

> **„Die Sparkassen haben sich in den Vertrauenswerten von der Branche weitgehend abkoppeln können."**

Da wir keine sinnlich wahrnehmbaren Produkte, sondern nur Papier und Datensätze anzubieten haben, sind wir an sich aus Sicht modernen Marketings ein wirklich trauriger Fall. Offensichtlich bedarf es ganz besonderer Anstrengungen, unter diesen Umständen Vertrauen zwischen Kunde und Kreditinstitut aufzubauen.

Vertrauensverlust durch und nach der Finanzkrise

Über viele Jahrzehnte hinweg hatten Banken fast den Status öffentlicher Behörden. Nicht ohne Hochachtung sprach man in der Bevölkerung vom „Bankbeamten", auch wenn dieser gar nicht in einem öffentlichen Anstellungsverhältnis stand. Kreditinstituten wurde zugetraut, kompetent und vertrauenswürdig mit dem Geld der Kunden umzugehen und wirtschaftliche Vorgänge besonders gut einschätzen zu können.

Sicher hat sich diese Sicht durch manche Übertreibung in der Geschäftspolitik einzelner Institute schon früher abgeschliffen. Die Finanzkrise war für Kunden und Finanzdienstleister aber gleichermaßen eine große Zäsur: Banken verloren ihre Kompetenzvermutung. Berater verloren weithin ihr Ansehen als im Kundeninteresse handelnde Ratgeber. Und sowohl Kunden, als auch Banken verloren vor allem viel Geld – jedenfalls dann, wenn sie von der Bonität oder Liquidität der Finanzmärkte abhängig waren. Folgerichtig verlor die Finanzwirtschaft bei ihren Kunden, der Politik und der Gesellschaft insgesamt massiv an Vertrauen.

Von diesem Vertrauensverlust der Jahre 2008 bis 2012 hat sich die Finanzwirtschaft als Branche bis heute nicht wirklich erholt. Zwar ist es 2018 erstmals wieder gelungen, den letzten Platz im Branchenvergleich des Edelman Trust Barometer abzugeben – an die Automobilindustrie. Das ist allerdings weniger ein Ausdruck wiedergewonnener Stärke der Finanzwirtschaft, als das Ergebnis eines erstaunlichen Verhaltens der Automobilindustrie im Zuge des Dieselskandals.

Die Kommunikationsposition der Sparkassen

Den Sparkassen werden während und nach der Finanzkrise deutlich höhere Vertrauenswerte attestiert als allen anderen Kreditinstituten: Rund die Hälfte der Bevölkerung bringt den Sparkassen hohes oder sogar sehr hohes Vertrauen entgegen. (Wirtschafts- und Finanzmarktforschungsinstitut Kantar Added Value 2017) In Zeiten allgemeinen Vertrauensschwunds in Institutionen bewegen sich die Sparkassen in ihren Vertrauenswerten nach einer Forsa-Umfrage (Forsa-Vertrauensumfrage 2017 im Auftrag von RTL, 02.01.18) oberhalb der deutschen Presse und nur knapp hinter der Evangelischen Kirche – etwa auf doppelt so hohem Niveau wie die Banken.

> „Wir haben nie daran geglaubt, dass diese Aspekte für unsere Kunden wichtiger sind, als die emotionale Geborgenheit und das damit verbundene Sicherheitsgefühl.‟

Nun würde ich gerne behaupten, dass dieser hohe Vertrauenswert vor allem auf eine gute Kommunikation zurückgeht. Tatsächlich hängt das Vertrauen in die Sparkassen, die Bereitschaft unserer Kunden, uns bei geschäftlichen Entscheidungen ernsthaft in Erwägung zu ziehen (Relevant Set), uns zum bevorzugten Geschäftspartner zu erklären (First Choice), mit uns tatsächlich Geschäfte abzuschließen und uns dann weiterzuempfehlen, vor allem von einem Parameter ab – vom Gefühl, bei uns in guten

Händen zu sein. Bei aller Relevanz von Rendite, Produkten und rationalen Vorteilsargumenten: Wir haben nie daran geglaubt, dass diese Aspekte für unsere Kunden wichtiger sind, als die emotionale Geborgenheit und das damit verbundene Sicherheitsgefühl.

Dieses Sicherheits- und Geborgenheitsgefühl bei unseren Kunden geht auf einen Dreiklang zurück: Der regionalen Gliederung unserer Institute mit entscheidungsfähigen Vorständen vor Ort und häufig den Kunden persönlich bekannten Beraterinnen und Beratern, eine sich von den privaten Geschäftsbanken deutlich abhebende Geschäftspolitik und dann – last but not least – auch eine erfolgreiche Sparkassenkommunikation.

Aus unserem Kommunikationscontrolling wissen wir, dass wir die Vertrauenswerte der Sparkassen um 19 Prozentpunkte bei denjenigen steigern, die sich an unsere Kommunikation erinnern. Über ein Drittel der sehr guten Vertrauensposition der Sparkassen geht somit auf die Kommunikationsleistungen zurück. Und alle unsere strategisch definierten Reputationsdimensionen können wir allein durch Kommunikationsmaßnahmen um mindestens 15 Prozentpunkte steigern. Unsere kommunikative Herausforderung liegt mithin heute vor allem darin, durch einen angemessenen Kommunikationsetat und durch eine gute Aussteuerung der Kommunikationskanäle eine möglichst hohe Kommunikationserinnerung sicherzustellen.

> **„Über ein Drittel der sehr guten Vertrauensposition der Sparkassen geht somit auf die Kommunikationsleistungen zurück."**

Markenpositionierung als Fundament

Nun ist Kommunikation mehr als Handwerk und auch mehr als betriebswirtschaftliche Optimierung. Gerade in der Finanzwirtschaft gilt: Gute Kommunikation braucht ein belastbares und stimmiges Wertefundament. Wir haben deshalb die Erfahrungen der Finanzkrise Anfang 2014 zum Anlass genommen, unser Markenbild zu schärfen und noch stärker zur Grundlage der Kommunikation zu machen.

Kaum ein Verbraucher hat heute Zeit und Interesse, sich intensiv mit der Vielzahl von Produkten und deren Eigenschaften intensiv auseinanderzusetzen. Das gilt in besonderer Weise für die Finanzwirtschaft, bei der Produkte und Dienstleistungen immer ähnlicher und somit austauschbarer werden. Wenn allerdings die Produkte selbst den für die Unterscheidung von Kreditinstituten entscheidenden Unterschied nicht tragen, ist es besonders wichtig, den Unterschied anhand anderer Dimensionen herauszuarbeiten. Vor allem fünf Megatrends sind dabei von Bedeutung:

1 Die Welt wird immer unüberschaubarer. Finanzkrise, Datenmissbräuche, Lebensmittelskandale – das Gefühl der Unsicherheit bei Verbrauchern wächst. Menschen suchen in dieser Situation nach Halt und Orientierung, Beständigkeit und Tradition.

2 Es gibt bei den Kunden eine neue Sehnsucht nach Regionalität und Herkunft. Der Einsatz von Einlagen für Investitionen vor Ort ist deshalb ein besonders wichtiges Positionierungsmerkmal für die Sparkassen und bietet Stoff für eine sich von Banken abgrenzende Wertepositionierung.

3 Das Verbraucherverständnis gegenüber Wirtschaftsunternehmen wird heute vor allem von der Forderung nach einer richtigen Balance zwischen Gewinn und Verantwortung bestimmt. Es finden vor allem solche Unternehmen Akzeptanz, die auf der Basis solider wirtschaftlicher Ergebnisse ihren Beitrag zur Entwicklung der Gesellschaft transparent machen und glaubwürdig darstellen können.

4 Gerade im digitalen Raum wächst das Bedürfnis nach menschlicher Nähe. Damit steigen die Geschäftschancen von Unternehmen, die eine solche menschliche Vernetzung von Kunden und eigenen Mitarbeitern anbieten können.

5 Angesichts der zunehmenden Komplexität der Umwelt steigt das Bedürfnis nach Vereinfachung und leichter Zugänglichkeit. Dies trifft sich mit der Kernaufgabe von Sparkassen, aus der unübersichtlichen Welt der Finanzen jeweils das für den individuellen Kunden Relevante herauszufiltern.

Vor diesem Hintergrund haben wir uns drei wichtige markenstrategische Ziele gesetzt:

- Wir wollen die menschliche Nähe verstärken.

- Wir wollen die Zugänglichkeit zu Leistungen und Informationen erleichtern.

- Und wir wollen die Zukunftsfähigkeit der Marke stärker unter Beweis stellen.

Dabei wird die Vermittlung menschlicher Nähe auf modernen technischen Wegen eine besondere Bedeutung haben. Wir haben das in unsere Markenkernaussage „Wir machen es den Menschen einfach, ihr Leben besser zu gestalten" übersetzt. Mit den definierten Markenkernwerte „Menschen verstehen", „Sicherheit geben" und „Zukunft denken" wollen wir uns wahrnehmbar von unseren Wettbewerbern unterscheiden.

Die Umsetzung der Markenpositionierung in eine neue Kommunikationsstrategie

Auch wenn Marke in Unternehmen sehr viel mehr als Marketing sein muss, war für uns von Anfang an klar, dass die Kommunikation ein entscheidender Transmissionsriemen zur Vermittlung der Markenwerte nach innen und außen ist. Die wichtigste Veränderung stellt dabei unsere komplett überarbeitete Kommunikationsplanung dar. Hier haben wir unseren gesamten Leistungsprozess der Kommunikation hin zu einer komplett integrierten Kommunikation überarbeitet.

Ausgangspunkt war eine Neubestimmung der Ziele der Kommunikation: Alle unsere Kommunikationsmaßnahmen müssen auf die drei mit konkreten Werten hinterlegten Zielsetzungen Verkauf, Reputation und Einfluss einzahlen. Eine Unterscheidung in Marketing, Presse, PR, Öffentlichkeitsarbeit, Social Media usw. gehört der Vergangenheit an.

Bei unseren Themenplanungen gehen wir anders als bisher vor. Früher hatten wir noch mehr als 100 große Kommunikationsthemen, die häufig aus Produktbotschaften bestanden. Das haben wir in 11 Themensäulen zusammengefasst, von denen fünf eine größere Marktrelevanz haben. Diese haben wir bereits weitgehend aus Kundenperspektive formuliert: Geld fürs Leben, Geld für später, Eigenheim, Mittelstand, Hausbank.

Für die externe Kommunikation zur Privatkunden, gewerblichen Kunden, Journalisten und politischen Entscheidern haben wir 26 Personas gebildet. Diese fiktiven Personen haben wir uns in ihrem Lebensumfeld, ihren Kommunikationswegen, ihren Markenpräferenzen, ihrem Finanzwissen, ihrem Interesse an unseren elf Themensäulen und zahlreichen weiteren Dimensionen durch Marktforschung, Social-Media-Monitoring und künftig zunehmend durch Data Analytics erschlossen. Ziel ist es, dass die Kommunikationsverantwortlichen sofort erkennen können, welche der Personas sich für ihr Thema interessieren und in welcher Lebenswelt diese Persona zu Hause ist.

Unser dritter konzeptioneller Schritt war es, uns alle zur Verfügung stehenden Kommunikationskanäle systematisch neu zu erschließen. Jeder Kommunikationskanal hat einen Steckbrief erhalten, der dessen Positionierung, das Zusammenspiel mit anderen Kanälen, Erfolgsfaktoren, mögliche Inhaltsformate, darüber zu erreichende Personas, Ziele und KPI´s enthält. Sonderstellungen einzelner Kanäle, etwa von Social Media, gehören damit zu Gunsten eines einheitlichen Systems der Vergangenheit an.

Unser aus der Markenpositionierung abgeleitetes Mission Statement für die Content-Erstellung lautet dabei:

„Allen Menschen, die vor Entscheidungen im Finanzbereich stehen, bietet die Sparkasse vor Ort und im Netz leicht verständliche und anregende Inhalte, die Orientierung bieten. Dabei sind unsere Inhalte nah an den Menschen, laden zum Dialog ein und helfen, deren Leben besser zu gestalten.“

Diesem Anspruch müssen alle Kommunikationsinhalte genügen. Im Newsroom erarbeiten wir heute unsere Themen auf zweierlei Weise: Einerseits durch langfristige Themenplanungen in den 11 Themensäulen. Andererseits sind wir inzwischen auch in der Lage, unsere Kunden oder uns selbst betreffende aktuelle Themen wie ein Medienhaus aufzugreifen und zu verarbeiten. Zinsentscheidungen der EZB, die Wahl Donald Trumps zum US-Präsidenten, der Brexit oder auch die Grundsteuerentscheidung waren solche Ereignisse, zu denen wir sofort an alle relevanten Personas auf den jeweils für sie entscheidenden Kanälen aus dem Newsroom heraus Content bereitstellen konnten.

Ausblick

Die Kommunikation steht heute vor der Herausforderung einer enormen Steigerung der Zahl der Kanäle und einer damit einhergehenden Individualisierung der Kommunikation. Daraus leiten wir die Schlussfolgerung ab, dass Kommunikation heute systematischer und in einer die Kommunikationsdisziplinen übergreifenden Weise geplant werden muss. Sie muss dabei auf einer klaren Markenstrategie beruhen. Für uns ist das die Grundlage, um messbare Wertbeiträge der Kommunikation zum Vertrauen der Kunden in die Sparkassen erbringen zu können.

Literatur

[1] Wirtschafts- und Finanzmarktforschungsinstitut Kantar Added Value, Vermögensbarometer 2017, im Auftrag des DSGV

Vita

Christian Achilles, M.A., MBA

Leiter Kommunikation und Medien, Deutscher Sparkassen- und Giroverband Berlin

Christian Achilles leitet die Abteilung Kommunikation und Medien beim Deutschen Sparkassen- und Giroverband in Berlin. Der gelernte Sparkassenkaufmann und studierte Jurist war 1989 bis 1995 Persönlicher Referent der Bundestagspräsidentin Frau Prof. Dr. Rita Süssmuth. Danach war Achilles von 1995 bis 1998 Persönlicher Referent von Präsident Dr. Dietrich H. Hoppenstedt und stellvertretender Abteilungsleiter Grundsatzfragen beim Niedersächsischen Sparkassen- und Giroverband in Hannover. In seiner Abteilung beim DSGV sind alle Kommunikationsaufgaben für den Verband sowie die Gemeinschaft der Sparkassen gebündelt.

Akzeptanz in der Gesundheitskommunikation

Von Stephan Kühne

Gemäß der Definition des deutschen Germanisten Günther Drosdowski bedeutet Akzeptanz die Bereitschaft, etwas oder jemanden zu akzeptieren, ein fremdes Gedankengut also im reinen Wortsinne „gutzuheißen" (https://uni.de/redaktion/akzeptanz-vs-toleranz). Die Akzeptanz ist ein freiwilliger Akt der Wertschätzung und der Integration. Ohne professionelle Kommunikation geht das nicht. Auch in der Gesundheitskommunikation spielt Akzeptanz eine wichtige Rolle.

„Gesundheitskommunikation ist ein Studiengebiet, welches sich mit der menschlichen Interaktion im Prozess der Gesundheitsversorgung beschäftigt." (Kreps, Thornton: 1984) Hinter dieser einfachen Definition für Gesundheitskommunikation – schlicht zusammengefasst – verbirgt sich ein ausgesprochen weites und komplexes Feld der Interaktion. So ist die Kommunikation im Gesundheitsbereich zum einen geprägt von einer hohen Zahl unterschiedlicher Player und Partikularinteressen sowie einer ausgeprägten Komplexität der Themen und Inhalte. Zum anderen steht sie stets im Spannungsfeld zwischen medizinisch Möglichem und wirtschaftlich Sinnvollen. Je nach Absender kann es bei neuen Medikamenten oder medizinischen Verfahren sehr unterschiedliche Bewertungen hinsichtlich des Nutzens geben. So heben die Hersteller gerne Aspekte wie Innovation und Patientenvorteile hervor, während für die Kostenträger eher die wirtschaftlichen Aspekte im Vordergrund stehen.

Eine weitere Herausforderung ergibt sich durch das systembedingte Dreiecksverhältnis bei Gesundheitsleistungen zwischen dem medizinischen Personal als Leistungsanbietern, den Patienten als Leistungsempfängern und den Krankenkassen als Kostenträgern. Für die Kommunikation der Hersteller und Anbieter bedeutet dies, dass Produkte und Leistungsangebote mit sehr unterschiedlichen Inhalten und in sehr differenzierter Ansprache positioniert werden müssen. Nur, wenn die zielgruppengerechte Ansprache gelingt, wird ein Medikament, ein Produkt oder auch eine Dienstleistung Akzeptanz finden. Während für das medizinische Personal dabei eher die Wirkweise, die Wirksamkeit und die Einsatzmöglichkeiten

> **„Nur, wenn die zielgruppengerechte Ansprache gelingt, wird ein Medikament, ein Produkt oder auch eine Dienstleistung Akzeptanz finden."**

von Innovationen im Bereich der Medizin im Vordergrund stehen, interessieren sich die Kostenträger eher für die zu erwartenden Kosten bzw. sich ergebenden Kostenersparnisse. Für die Patienten ist dagegen wichtig, welche Behandlungserfolge zu erwarten sind und wie es um die Verträglichkeit steht – und dass all dies möglichst verständlich dargestellt ist.

Für die erfolgreiche Positionierung von Gesundheitsprodukten und –leistungsangeboten geht es in diesem erklärungsbedürftigen Umfeld also immer auch um Akzeptanz. Und die Notwendigkeit, Akzeptanz aktiv zu schaffen, wird für die Anbieter immer wichtiger. Die Leistungserbringer arbeiten tagtäglich mit Präparaten und Methoden, die sie als wirksam und wichtig ansehen. Ein neues Produkt anzuwenden oder eine neue Dienstleistung anzubieten, bedeutet oftmals eine grundlegende Änderung des Verhaltens. Für die Gesundheitskommunikation bedeutet dies, dass die jeweiligen Zielgruppen zu einer nachhaltigen Verhaltensänderung bewegt werden müssen. Während es in der Vergangenheit in erster Linie darum ging, das medizinische Personal zu überzeugen, gewinnen die anderen Zielgruppen vermehrt an Bedeutung. Mit den stetig steigenden Kosten im Gesundheitssystem geht es immer häufiger um das Kosten-Nutzen-Verhältnis von Produkten und Angeboten. Bereits seit 2011 werden neu zugelassene, verschreibungspflichtige Medikamente auf ihre Wirtschaftlichkeit hin überprüft. Bedingt durch die zunehmende Kostendiskussion genügt es nicht mehr, nur die Vorteile und Eigenschaften von Gesundheitsprodukten oder Gesundheitsleistungen hervorzuheben. Mindestens ebenso wichtig sind Angaben zur Wirtschaftlichkeit solcher Angebote und zu dem Kosten-Nutzen-Verhältnis.

> **„Für die erfolgreiche Positionierung von Gesundheitsprodukten und –leistungsangeboten geht es in diesem erklärungsbedürftigen Umfeld also immer auch um Akzeptanz."**

Das Umdenken hat bei den Unternehmen schon begonnen. So fordert Peter Vullinghs, CEO des Medizintechnikspezialisten Philips, einen „Wandel hin zu kontinuierlicheren und proaktiveren Strukturen in der Gesundheitsversorgung" (https://www.philips.de/healthcare/produkte-loesungen/referenz projekte/keine-grenzen-mehr-moeglichkeiten). Für Vullinghs bedeutet dies, dass der Nutzen für den Patienten wieder stärker in den Fokus der Versorgung treten sollte. Mit diesem Value Based Healthcare-Konzept lässt sich der Wert einer Gesundheitsleistung aus dem Verhältnis des patientenrelevanten Ergebnisses und der dafür aufgewendeten Kosten ermitteln. Erste Beispiele für diesen Ansatz gibt es bereits bei der Versorgung chronischer kranker Patienten in Form von integrierten Versorgungsnetzen. Für den Erfolg solcher Ansätze ist die Akzeptanz der Beteiligten eine wichtige Voraussetzung. Denn die Zusammenarbeit kann nur dann dauerhaft funktionieren, wenn Leistungserbringer und Leistungsnehmer sich aktiv beteiligen. Den Dialog zwischen den Zielgruppen zu gestalten und dauerhaft zu moderieren, ist insofern eine Aufgabe der Kommunikation, die exponentiell an Bedeutung gewinnt. Denn Akzeptanz erwächst letztlich aus diesem Dialog.

Auch bei der digitalen Transformation im Gesundheitssystem kommt der Akzeptanz eine zentrale Bedeutung zu. Schon jetzt sind Arbeitsabläufe und -prozesse in der Gesundheitsversorgung oftmals sehr zeit- und arbeitsaufwändig. Zudem fordern sie eine große Einsatzbereitschaft der Beteiligten. Veränderungen, wie zum Beispiel die Einführung einer neuen Software zum Patientenmanagement, bedeuten einen nicht unerheblichen Mehraufwand und ein über die täglichen Routinen hinausgehendes Engagement. Für eine erfolgreiche Implementierung von Prozessen oder Produkten ist die aktive Mitarbeit des medizinischen Fachpersonals, der Pflege- und Servicekräfte unerlässlich. Jedes Unternehmen, das sich in diesem Bereich erfolgreich engagieren will, ist auf die Zusammenarbeit und das Wohlwollen der Beteiligten angewiesen. Hier spielt Akzeptanz eine zentrale Rolle.

> „Auch bei der digitalen Transformation im Gesundheitssystem kommt der Akzeptanz eine zentrale Bedeutung zu."

Zusätzliche Veränderungen für die Gesundheitskommunikation ergeben sich auch aus der besseren Verfügbarkeit von Gesundheitsinformationen im Internet – das Internet ist heute die meist genutzte Quelle für Gesundheitsthemen in Deutschland (https://www.splendid-research.com/statistiken/item/studie-gesundheit-information-quellen-internet.html) – und der zunehmenden Nutzung von Social Media. Beides hat dazu geführt, dass sich Patienten immer häufiger mit Gesundheitsthemen auseinandersetzen. Für die Leistungserbringer wie Ärzte und Therapeuten bedeutet dies, dass Patienten zunehmend das Gespräch und den Austausch suchen. Wo es früher ausreichte, vorgefertigte patientenspezifische Informationen abzugeben, sind heute auf die Patientenbedürfnisse zugeschnittene

Informationsangebote unverzichtbar. Deshalb bieten Hersteller und Leistungsanbieter ihren Kunden immer häufiger unterstützende Materialien für das Arzt-Patienten-Gespräch. Das reicht von speziellen Gesprächsleitfäden über therapiebegleitende Serviceangebote bis hin zu weiterführenden, digitalen Informations- und Gesprächsangeboten. Ziel ist es, den Erfolg der Behandlung durch die Verbesserung des Verhältnisses zwischen Arzt und Patienten aktiv zu unterstützen.

In allen Bereichen des Gesundheitssystems nimmt der Einfluss der Patienten zu. Dies führt dazu, dass Patienten als Zielgruppe der Gesundheitskommunikation mehr und mehr an Bedeutung gewinnen. Trotz der noch sehr restriktiven Rahmenbedingungen für die Patientenkommunikation ist schon jetzt abzusehen, dass aufgrund des steigenden Kostendrucks Patienten zunehmend in die Kommunikation mit eingebunden werden müssen. Schon heute ist für die erfolgreiche Positionierung eines Produktes wichtig, dass es von Ärzten wie Patienten gleichermaßen geschätzt wird. Gerade bei sehr gravierenden Erkrankungen sind bereits heute viele Patienten Experten für ihre Therapie. In der Onkologie tauschen sich beispielsweise Ärzte und Patienten oftmals auf sehr hohem Niveau darüber aus, was therapeutisch sinnvoll ist.

> „Dies führt dazu, dass Patienten als Zielgruppe der Gesundheitskommunikation mehr und mehr an Bedeutung gewinnen."

Was bedeutet dies für die Gesundheitskommunikation? Die genannten Veränderungen im Gesundheitssystem werden sich zunehmend auf die Gesundheitskommunikation und die daran Beteiligten, von den Herstellern über die Kliniken und Krankenkassen bis hin zu den Patientengruppen, auswirken. Mit der sich abzeichnenden Auflösung der Silos und der Zunahme sektorenübergreifender Projekte sind auch die Akteure gefordert, sich weiter zu öffnen. So wird es in der Gesundheitskommunikation in Zukunft notwendig werden, auch branchenfremde Spezialisten in Kommunikationsteams einzubinden. Ebenso ist zu erwarten, dass Gesundheitsspezialisten auch aktiv mit eingebunden werden, wenn es zum Beispiel um gesundheitsrelevante Produkte geht, wie die Einführung eines „gesunden" Nahrungsmittels oder die Positionierung eines „Activity trackers" geht. Innerhalb der Gesundheitskommunikation ist mit einer stückweisen Lockerung der strengen Rahmenbedingungen zu rechnen. Insbesondere die Regelungen hinsichtlich der Kommunikation gegenüber Patienten stehen zunehmend in der Kritik. Mittelfristig ist hier mit einer Liberalisierung zu rechnen.

Diese Veränderungen bedeuten für die Gesundheitskommunikation Chance und Herausforderung zugleich. Die zunehmende Komplexität moderner Gesundheitsthemen wie der elektronischen Gesundheitskarte oder der Fernbehandlung stellt die Gesundheitskommunikatoren beispielsweise vor völlig neue Herausforderungen. So wurden als Ziele der elektronischen Gesundheitskarte so komplexe Themen diskutiert wie folgende: elektronischer Medikationsplan, Notfalldatensatz, elektronische Patientenakte oder Zugriffsrechte von Patienten. In Verbindung mit der Vielzahl der Stakeholder geht es bei solch brisanten Themen nicht mehr um Information, sondern um den Austausch und den Dialog mit den Beteiligten. Auch im Fall der Diskussion um die Zulässigkeit von Fernbehandlungen gilt es bestehende Vorbehalte und Bedenken zu berücksichtigten und die involvierten Protagonisten in die Kommunikation mit einzubinden.

Parallel zu den oben skizzierten Veränderungen wird es darum gehen, sich bei den involvierten Zielgruppen um Akzeptanz zu bemühen. Denn es wird in Zukunft nicht mehr allein ausreichen, die einmalige Zustimmung Einzelner zu gewinnen. Stattdessen wird es immer öfter notwendig sein, die Beteiligten dauerhaft zu einer Mitarbeit zu bewegen und sie aktiv zu binden. Mit der stärkeren Digitalisierung und der vermehrten sektorenübergreifenden Zusammenarbeit wird es für Unternehmen, die Produkte oder Leistungen im Gesundheitsbereich positionieren möchten, immer wichtiger werden, die relevanten Zielgruppen genau zu evaluieren, um sie dann auch sinnvoll in die Kommunikation mit einbinden zu können.

> **„Stattdessen wird es immer öfter notwendig sein, die Beteiligten dauerhaft zu einer Mitarbeit zu bewegen und sie aktiv zu binden."**

Literatur

[1] Kreps, Gary L./Thornton, Barbara C. (1984): Health Communication: Theory and Practice, London: Longman

Vita

Dr. Stephan Kühne, Dipl.-Biol.

Seit über 15 Jahren arbeitet Stephan Kühne in der Gesundheitskommunikation. Auf Agenturseite und als freier PR-Berater war und ist der promovierte Biologe beratend für Pharmaunternehmen, Medizintechnikhersteller, Kliniken und Verbände im Gesundheitsbereich tätig. Immer wieder ist der geprüfte Fachzeitschriftenredakteur auch journalistisch aktiv. Anfang 2017 wurde er zum Sprecher des Arbeitskreis Gesundheitskommunikation in der DPRG gewählt.

Die Interne Kommunikation im Wandel

Von Michael Popp

Mehr Kommunikation organisieren – Akzeptanz durch Teilhabe schaffen

Die Interne Kommunikation (IK) steht in Zeiten permanenten Wandels mehr denn je im Fokus der Unternehmen (ob die IK als eigener Bereich agiert oder in Form von Verantwortlichen, die innerhalb der Corporate Communications einen internen bzw. Mitarbeiterkanal verantworten, macht keinen Unterschied). Geschäftsführung und Vorstände haben die Bedeutung der Internen Kommunikation im Hinblick auf die Akzeptanz von Veränderungen im Unternehmen mittlerweile längst erkannt. Entsprechend hoch sind die Erwartungen: Die Interne Kommunikation soll den Wandel begleiten und erklären und damit für Akzeptanz sorgen.

Soweit so gut. Aber stimmt es tatsächlich, dass Kommunikation Akzeptanz schafft? Kommunikation kann zu Akzeptanz beitragen, wenn sie zielgruppengerecht eingesetzt und von den Rezipienten auch wahrgenommen und verstanden wird. Doch auch das Verstehen allein genügt nicht. Sie muss in der Lage sein, die Einstellung neutraler und kritischer Mitarbeiter zum Transformationsprozess zu verändern und so die kritische Masse zu erreichen und zu bewegen. Kommunikationsmaßnahmen (Microsites, Newsletter, etc.) die den Change begleiten, werden das aber alleine nicht leisten können. Wertet man Mitarbeiterumfragen und -interviews aus und schaut sich die Realität in Unternehmen in Transformationsprozessen an, kann man verallgemeinernd sagen: Die wenigstens Menschen stehen Veränderungen, von denen sie selbst betroffen sind, positiv gegenüber, obwohl sie die Realität kennen und wissen, dass Veränderung für ihr Unternehmen überlebensnotwendig ist. Wie lässt sich dieser Widerspruch auflösen, sprich: Wie können Widerstände abgebaut und die Akzeptanz im permanenten Wandel erhöht werden?

> „Kommunikation kann zu Akzeptanz beitragen, wenn sie zielgruppengerecht eingesetzt und von den Rezipienten auch wahrgenommen und verstanden wird."

Nicht Kommunikation, sondern Teilhabe schafft Akzeptanz

Die erste Antwort – die keine große Überraschung ist und von vielen Unternehmen längst forciert wird – lautet: Es ist nicht allein Kommunikation, die Akzeptanz schafft, sondern meistens ist es die Teilhabe der Mitarbeiter an Veränderungen im Unternehmen. Oft genügt sogar die Möglichkeit zur Teilhabe, um mehr Akzeptanz zu schaffen. Doch wie schafft man Teilhabemöglichkeiten in Change-Vorhaben, die für Mitarbeiter und Unternehmen einen echten Mehrwert darstellen? Transformationsprozesse ermöglichen es in der Regel nicht, demokratische Abstimmungsrunden in den Strategieprozess einzubauen. Das kann auch nicht das Ziel sein. Die strategische Ausrichtung ist und bleibt Aufgabe der Geschäftsleitung. Und ebenso wenig erfolgversprechend sind Beteiligungsrunden, die lediglich dazu dienen, Teilhabe vorzutäuschen, obwohl bereits alles Wichtige entschieden ist und nur noch die Farbe des Teppichs zur Diskussion steht. Mitarbeiter merken ganz genau, ob ihre Expertise wirklich gefragt ist, oder ob es sich um Pseudomaßnahmen handelt, die der Ruhigstellung dienen. Ziel muss es also sein, den Transformationsprozess gemeinsam mit den jeweiligen Experten (also den betroffenen Mitarbeiter) im Unternehmen auszugestalten, ihn zu verbessern und voranzutreiben.

> „Es ist nicht allein Kommunikation, die Akzeptanz schafft, sondern meistens ist es die Teilhabe der Mitarbeiter an Veränderungen im Unternehmen."

Eine umfassende 360 Grad-Stakeholder- und Issues-Analyse im Vorfeld des Change-Vorhabens, die neben allen relevanten externen Faktoren auch die internen Interessengruppen und Themen betrachtet, hilft dabei blinde Flecken und damit unliebsame Überraschungen zu vermeiden oder zumindest zu minimieren. Im Idealfall holt man sich bereits in diesem Arbeitsschritt kritische Geister dazu, die über Know-how verfügen und die das Vertrauen, das ihnen entgegengebracht wird, mit Loyalität – auch in kritischen Phasen der Transformation – danken werden.

Die Führungskräfte sind der Schlüssel zu mehr Akzeptanz im Change

Der nötige Wandel der Rolle der Führungskräfte ist schon fast ein alter Hut und hat sich längst durchgesetzt – zumindest in der Theorie. Die

Führungskraft, die kontrolliert und antreibt, ist ein Modell des 20. Jahrhunderts. Stattdessen sind Befähiger und Ermöglicher gefragt: Ein guter Coach, der an der Seitenlinie steht, dem die Spieler vertrauen und mit dessen Spielphilosophie sie sich identifizieren können. Er muss nicht selbst die Tore schieße oder verhindern. Aber er weiß, was zu tun ist, um das optimale Zusammenspiel zu ermöglichen. Dazu gehören Mut und Fehlertoleranz: Nur Mitarbeiter, die wissen, dass sie Fehler machen dürfen, werden unkonventionelle (mutige) Ideen entwickeln oder ebensolche Entscheidungen treffen, die letztlich den Unterschied machen. Und das führt zu Akzeptanz. Und genau das ist das Erfolgsrezept für Unternehmen, die den Anschluss nicht verlieren wollen. Die Big Player im Silicon Valley aber auch Startups auf der ganzen Welt machen es vor. Trial and Error wird mehr denn je zum Erfolgsrezept. Die Interne Kommunikation muss die Führungskräfte in ihrer Rolle als Coach im Change unterstützen und ihnen die nötige Orientierung geben. Nur so können die Führungskräfte auch Orientierung an ihre Abteilungen und Teams weitergeben und damit für Akzeptanz und möglichst sogar Unterstützung des Changes sorgen.

Umso mehr ein Thema direkte Auswirkungen auf Mitarbeiter und ihre Arbeit hat, desto wichtiger ist es, den jeweiligen Führungskräften einen Informationsvorsprung zu geben. Das stärkt die Akzeptanz der Führungskräfte für den Change und ermöglicht es am Ende tatsächlich, die kritische Masse im Unternehmen zu erreichen. Gleichzeitig ist es wichtig, dass es auch Formate gibt, in denen alle Führungskräfte, also auch die Teamleiterebene, direkt vom Vorstand informiert werden. So umgeht man mögliche Informationsabbrüche oder unterschiedliche Interpretationen. Wenn eine Führungskraft des gehobenen Managements aus Angst vor Ungewissheit und nötiger persönlicher Veränderung dem Change kritisch gegenübersteht, potenziert sich dieser Widerstand womöglich an der Basis, weil die relevanten Informationen und Argumentationen dort gar nicht mehr ankommen. Formate, die eine direkte Kommunikation zwischen Vorstand und allen Führungskräften sowie Mitarbeitern ermöglichen, sind deshalb dringend zu berücksichtigen. Hier bieten Webcasts, kommentierbare Blogs und andere digitale Formate viele Möglichkeiten, deren Aufwand vertretbar ist und sich am Ende lohnt.

> **„Gut informierte Führungskräfte haben in Veränderungsprozessen mehr Akzeptanz.“**

Auch sollte den Führungskräften klar sein, dass die Hierarchiestufen nicht eingehalten werden müssen, wenn es um das Wissensmanagement im Unternehmen geht. Hier sollte projektbezogen zusammengearbeitet werden. Die Führungskraft muss auch akzeptieren können, dass ihr Teammitglied temporär über mehr Wissen zu einem Transformationsprojekt verfügt. Eine souveräne Führungskraft fördert dies sogar und schafft dem Mitarbeiter die nötige Ressourcen für diese Arbeit, da sie einen Mehrwert für den Unternehmenserfolg bedeutet.

Gemeinsam mit HR sollte die IK hier den Führungskräften in ihrer Rolle als Coach unterstützend und beratend zur Seite stehen, da dies einer der effektivsten Wege ist, um Akzeptanz für Veränderung zu schaffen.

Nicht Organisation kommunizieren sondern Kommunikation organisieren

Die Interne Kommunikation wird zukünftig – und das ist die elementare Veränderung, die noch nicht überall angekommen ist – nicht mehr nur Organisation kommunizieren sondern mehr denn je Kommunikation organisieren müssen, insbesondere auch, wenn es darum geht die Akzeptanz bei den Mitarbeitern für den Unternehmenskurs zu steigern, unabhängig davon, ob es sich um den permanenten Wandel handelt, den Unternehmen ausgesetzt sind oder um eine außerordentliche Change Situation (z.B. Merger, Umzug, etc.).

Die Belegschaft über Neuigkeiten und Veränderungen zu informieren und umgekehrt auch die Bedürfnisse und die Kritik der Mitarbeiter an die Unternehmensführung zurückzuspielen, bleiben zwar weiterhin Kernaufgaben der IK. Dennoch ändert sich das Rollenverständnis, denn eine dritte Aufgabe rückt verstärkt in den Fokus, die die Führungskräfte (wie in 2. beschrieben) bereits oft einnehmen: Auch die Kommunikationsverantwortlichen schlüpfen immer mehr in die Rolle eines Coaches, sie werden zu Ermöglichern und Befähigern von Kommunikation und Kollaboration, wodurch Wissensmanagement und Corporate Learning im Unternehmen gefördert werden. In enger Zusammenarbeit mit IT und HR gilt es digitale und analoge Tools und Formate einzuführen, die sich gegenseitig unterstützen und integrierend wirken. Die Face-to-Face Kommunikation

> „Die schönste Microsite zur Transformation und die beste App nützen nichts, wenn zuvor niemand mit den Mitarbeitern gesprochen hat."

sollte dabei eine gewichtige Rolle spielen. Die schönste Microsite zur Transformation und die beste App nützen nichts, wenn zuvor niemand mit den Mitarbeitern gesprochen hat. Town-Hall Meetings mit Dialogmöglichkeiten, Führungskräfte-Tagungen und strukturierte Team-Meetings, in denen die geforderte Offenheit und Fehlerkultur tatsächlich gelebt wird, sind ein guter Anfang.

Gleichzeitig wird kein Unternehmen in den kommenden Jahren um digitale Plattformen herumkommen, die Dialog und Zusammenarbeit und damit den Wissenstransfer im Unternehmen ermöglichen und verbessern. Denn noch immer ist es die größte Herausforderung, das vorhandene implizite Wissen der Mitarbeiter zu heben und nutzbar zu machen. Die Möglichkeiten sind gewaltig: Ob Social Mobile Intranet, Wikis oder Mitarbeiter-Apps: Unternehmen sollten

> ### Was muss IK leisten – ein Überblick:
>
> Es sollten Voraussetzungen im Unternehmen für einen digitalen Arbeitsplatz geschaffen werden, der jedem Mitarbeiter den schnellen Zugriff auf die für ihn relevanten Informationen und Applikationen bietet – stationär und mobil.
>
> Es sollten analoge und digitale Formate für bessere Zusammenarbeit, Wissensaustausch, Dialog und Partizipation entwickelt werden, die sich gegenseitig unterstützen.
>
> Alles bleibt in Bewegung. Es gilt eine (digitale) Arbeitsumgebung zu entwickeln, die iterativ an die Bedürfnisse der Mitarbeiter angepasst wird.
>
> Zielgruppengerechte Vermittlung der Notwendigkeit und Einbindung der Mitarbeiter in Transformationsprozesse.
>
> Unterstützung des für eine erfolgreiche Transformation notwendigen Kulturwandels.

sich – ggf. mit Unterstützung eines erfahrenen Partners – ganz genau überlegen, was sie benötigen und welche Formate geeignet sind, um den Wissensaustausch und Akzeptanz zu fördern. Bei einem funktioniert der CEO-Webcast in Verknüpfung mit einem „Frag den Vorstand" Format, bei einem anderen sind es wöchentliche Umfragen. In jedem Fall sinnvoll sind Tools, die sowohl horizontalen als auch vertikalen Austausch im Unternehmen ermöglichen. Dazu gehört, dass Mitarbeiter sich aufgabenbezogen in Gruppen organisieren und problemlos miteinander kommunizieren und Dateien austauschen können. Schafft man diese Möglichkeiten als Unternehmen nicht, organisieren sich die Mitarbeiter unter Umständen selbst (z.B. per WhatsApp), was zu Problemen mit der Datensicherheit oder gar dem Datenschutz führen kann. Die Mitarbeiter anschließend auf unternehmensinterne Kanäle zurückzuholen, ist oft aufwändig, mühsam und teuer.

Letztlich gilt, dass nicht nur die Inhalte der Kommunikation für Akzeptanz sorgen, sondern auch die analogen und digitalen Tools und Formate zeitgemäß, komfortabel nutzbar und effektiv sein müssen, um Wissenstransfer zu fördern. Die IK leistet damit einen signifikanten Beitrag zur Wertschöpfung des Unternehmens und fördert ganz nebenbei die Identifikation und Motivation der Mitarbeiter, nicht durch Worte, sondern durch echte Teilhabemöglichkeit. Und das schafft echte Akzeptanz!

> **„Letztlich gilt, dass nicht nur die Inhalte der Kommunikation für Akzeptanz sorgen, sondern auch die analogen und digitalen Tools."**

Damit einher geht auch, dass Unternehmen nicht die Anforderungen der Mitarbeiter bezüglich der Kommunikationsmedien unterschätzen sollten. Die Digital Natives drängen nicht demnächst in den Arbeitsmarkt, sondern sind längst angekommen, teilweise schon in Management Positionen. Wer privat digital vernetzt ist und bereits in Schule und Studium mit modernen Tools gearbeitet hat, möchte sich ungern im beruflichen Kontext verschlechtern. Ein moderner Entwicklungsstand der IK beim (potentiellen) Arbeitgeber, ist also auch im Sinne des Employer Branding.

Fazit

Alle Mitarbeiter im Change mitzunehmen und Unzufriedenheit durch bestmögliche interne Kommunikation zu vermeiden, ist ein hehrer Anspruch, der völlig unrealistisch ist. Eine strukturelle, umfassende Analyse im Vorfeld und die Fähigkeit, im Prozess agil zu bleiben, helfen aber enorm, wenn es darum geht, Widerstände frühzeitig zu erkennen und Akzeptanz zu fördern.

> **„Die Fähigkeit, im Prozess agil zu bleiben, hilft aber enorm, wenn es darum geht, Widerstände frühzeitig zu erkennen und Akzeptanz zu fördern."**

Es gilt, sich ein Stück weit von der Vorstellung zu verabschieden, dass die Interne Kommunikation im Unternehmen jederzeit hundertprozentig steuer- und kontrollierbar wäre. Die digitalen internen Kanäle verhindern das, insofern man Zensur vermeidet, was oberstes Gebot ist, da sonst sämtliche Akzeptanz im Nu verschwindet. Wenn die Interne Kommunikation ein übergeordnetes Ziel hat, dann das, dass sie zum Wandel der Unternehmenskultur beiträgt, der Voraussetzung für Erfolg in Zeiten permanenten Wandels ist. Mehr eigenverantwortliches Handeln, mehr Fehlertoleranz, weniger Restriktionen und Bevormundung. Dann klappt's auch mit der Akzeptanz.

Vita

Michael Popp

Berater und Projektmanager
CB.e Clausecker | Bingel AG, Berlin

Michael Popp ist studierter Kommunikationswissenschaftler und Politologe und hat seinen Schwerpunkt im Bereich Interne und Change Kommunikation. Bevor er auf die Beraterseite wechselte, hat er zuletzt als Manager und Team Leader Internal Communications für ein international tätiges Unternehmen im B2B Sektor gearbeitet und dessen umfangreichen Transformationsprozess begleitet.

Mehr Akzeptanz durch Kommunikationssteuerung

Von Lothar Rolke und Jan Sass

Digitalisierung ist derzeit das beherrschende Schlagwort im Management wie in der Unternehmenskommunikation. Dahinter verbergen sich gesellschaftliche Megatrends und technische Entwicklungen, die mit wechselseitigen Einflüssen das Kommunikationsverhalten von Zielgruppen verändert haben. Manifest wird dieses vor allem in der (auch politischen) Atomisierung der Interessen und der Parzellierung von Identitäten – Geschlecht, Religion, Status, Region oder Nationalität, aber auch Vorlieben, Lebensstile und Erfahrungen etc. sind hier beispielhaft zu nennen. Vertrauen und Akzeptanz zu entwickeln, ist ungleich schwieriger geworden, nachdem die Digitalisierung den neuen Strukturwandel der Öffentlichkeit permanent beschleunigt und die Monopole der Meinungsbildung nicht mehr bestehen.

Massenansprache schafft weder Vertrauen noch Akzeptanz

Mit der Digitalisierung zerfällt die Gesellschaft in immer kleinere identitätsgeleitete Interessengruppen, die sich empowern können, weil sie wie nie zuvor in der Lage sind, ihre Ansprüche auch medial zu artikulieren. Jeder kann heute Produzent im Meinungsmarkt sein, kann sehr schnell Gleichgesinnte finden und sich mit jedem von ihnen vernetzen. Diese Selbst-Ermächtigung interner und externer Interessengruppen stellt mit ihren Fragmentierungen die Unternehmenskommunikation vor neue

> „Vor diesem Hintergrund haben die meisten Organisationen erkannt, dass Legitimität nicht mehr allein durch politische und rechtliche Verfahren hergestellt werden kann."

Herausforderungen. Die wichtigste davon ist ein struktureller Verlust an Glaubwürdigkeit, dem sich Unternehmen und Institutionen insgesamt gegenübersehen. Richard Edelman konstatiert in einer aktuellen Studie (Edelman Trust Barometer, 2018): „We have a world without common facts and objective truth, weakening trust even as the global economy recovers." Dieses Misstrauen betrifft alle offiziellen Instanzen, auch CEOs und legitime Unternehmenssprecher, während Mitarbeitern, Freunden und Bekannten das höchste Vertrauen entgegengebracht wird. Vor diesem Hintergrund haben die meisten Organisationen erkannt, dass Legitimität nicht mehr allein durch politische und rechtliche Verfahren hergestellt werden kann. Akzeptanz ist zu einem Gegenstand von Verhandlungen geworden. Operativ ist dabei die Frage aufgeworfen, welchen Individualisierungsgrad die Kommunikation haben muss, um die ausdifferenzierten Erwartungen in der modernen Medien- und Meinungsgesellschaft zu erfüllen.

Darüber hinaus besteht auch die Sorge, dass bestimmte Zielgruppen in ihren Filterblasen unerreichbar bleiben und komplexe Sachverhalte nicht mehr vermittelbar sind. Die zunehmende Geschwindigkeit in der Kommunikation tut ein Übriges. Unternehmen können schneller in die Defensive geraten, und es bleibt immer weniger Zeit, um Absichten zu erklären und Akzeptanz aufzubauen. Durch die breite Konkurrenz medialer Kanäle werden Inhalte überwiegend nur noch durch niedrigschwellige Informationsangebote und eine intuitive Themenaufbereitung aufgenommen. Dem entsprechen Kommunikationsformate, die von Mobilität, Plakativität und Visualität geprägt sind.

Rahmenbedingungen für Akzeptanz-Management

Die gewachsenen Partizipations- und Dialogansprüche erfordern nicht nur veränderte Kommunikationsstrategien, sondern auch ein Mehr an Empathie für die Erwartungen unterschiedlicher Stakeholder und eine Zunahme an tatsächlicher Problemlösungskompetenz seitens der Unternehmen. Das setzt ein erweitertes, datengestütztes „Corporate Listening" voraus. Wie unsere Podiumsdiskussion mit Kommunikatoren aus unterschiedlichen Unternehmen im Rahmen des DPRG Takeoffs in Berlin gezeigt hat, sind die Ziele und Themen der Akzeptanzkommunikation stark abhängig von der Geschäftstätigkeit. Die Handlungsfelder bleiben allerdings dieselben.

> „Die gewachsenen Partizipations- und Dialogansprüche erfordern ein Mehr an Empathie für die Erwartungen unterschiedlicher Stakeholder."

Grundsätzlich gilt: Bei allen Themen, die Stakeholderinteressen betreffen, sollte davon ausgegangen werden, dass es berechtigt ist, wenn sich diese Interessen auch organisieren und mit dem Willen zur Partizipation an Organisationen herantreten. Das betrifft in erster Linie Infrastrukturprojekte im öffentlichen Raum, macht aber auch vor zentralen Lebensweltthemen wie Automobilität (siehe Diesel) oder Ernährung (siehe Vegetarismus) keinen Halt. Unternehmen müssen auf solche Erwartungen frühzeitig eingehen, um sich im gesellschaftspolitischen Umfeld zu legitimieren, um gesellschaftliche Akzeptanz für ihre Ziele zu erreichen und die „Licence to operate" zu sichern. Gleichzeitig ist danach zu fragen, wer protestiert, wer seinen Interessen Geltung verleiht. Das sind meist die gebildeten, einkommensstärkeren Bevölkerungsschichten. Hier kann die Gefahr bestehen, dass sich Eigenwohl als Gemeinwohl verkleidet und die Interessen einer schweigenden Bevölkerung – die sonst durch politische Repräsentation gewahrt sind – zu wenig berücksichtigt werden. Ein weiteres Phänomen bei der Akzeptanzkommunikation ist das „Mit-verhaftetwerden". Unternehmen werden bei einem Thema mitunter nur adressiert, weil sich damit die Resonanz erhöht – Interessengruppen bringen ihre Themen also auch aus Opportunitätsgründen in Unternehmenskontexte, weil so die Reichweite von Forderungen zu steigern ist.

> **„Der Ausgleich mit den Erwartungen von Stakeholdern ist zwar wünschenswert, aber nicht immer möglich."**

Bei alledem sollte nicht vergessen werden, dass Unternehmenskommunikation immer interessengebunden bleibt und Auftragskommunikation ist. Der Ausgleich mit den Erwartungen von Stakeholdern ist zwar wünschenswert, aber nicht immer möglich. In jedem Fall ist dazu zu raten, bei Innovationen oder Infrastrukturprojekten, bei erkannten Fehlern, aber eben auch dort, wo sich bereits kritische Gruppen bereits gebildet haben, das Widerstandsrisiko abzuschätzen und zu bearbeiten. Geschieht dieses nicht, entsteht aus Akzeptanzproblemen ein Legitimationsentzug, der weitere Teile der Öffentlichkeit mobilisiert. Weichen Unternehmen auch dann noch dem Rechtfertigungs- und Verhandlungsdruck aus, führt das - im schlimmsten Fall - zu einer existenzbedrohenden Krise. Professionelle Protestgruppen versuchen diesen Steigerungsmechanismus zu nutzen, indem sie Konflikte in Krisen umzuwandeln suchen, um diese dann weiter zu skandalisieren.

Der strategische Blick auf den Akzeptanzmarkt

Wie können Unternehmen heute also den gestiegenen Dialog- und Partizipationserwartungen nachkommen und durch Kommunikation mehr Zustimmung für ihre Ziele erreichen? Die wichtigste Erkenntnis ist: Um Akzeptanz besser zu erreichen, müssen gesellschaftliche Ansprüche bereits auf unternehmensstrategischer Ebene mitberücksichtigt werden – so wie Kunden-, Mitarbeiter- und Finanzinteressen auch. In Unternehmen werden keine wichtigen Entscheidungen gefällt, ohne die Auswirkungen auf Absatz, Mitarbeiterorganisation und Geldgeberinteressen zu prüfen. Künftig muss der strategische Blick auch auf den Akzeptanzmarkt fallen, wo die gesellschaftliche Zustimmung (licence to operate) gegen öffentlichen Nutzen und ständig überprüfter Vertrauenswürdigkeit immer wieder neu einzutauschen ist.

Die meisten Unternehmen haben damit begonnen, die Organisation ihrer Unternehmenskommunikation bereits an die veränderten Erwartungen von Stakeholdern anzupassen, oder sie planen eine solche Reorganisation. Dies ist ein qualitatives Ergebnis aus 39 Leitungs-Interviews, die im Rahmen der von der Günter-Thiele-Stiftung getragenen Communication Benchmarking Initiative im Herbst 2017 geführt wurden. Die Reorganisationen zielen auf flexiblere Projektstrukturen, eine höhere Themenorientierung und integrierte Kommunikation. Hauptgründe dafür sind neben eigenen Content-Strategien des Marketings das veränderte Mediennutzungs- und Informationsverhalten der Zielgruppen sowie ein wachsender Abstimmungsbedarf durch das Bespielen neuer Kommunikationsmedien und -kanäle.

> „Um Akzeptanz besser zu erreichen, müssen gesellschaftliche Ansprüche bereits auf unternehmensstrategischer Ebene mitberücksichtigt werden."

Damit geht einher, dass sich die Kompetenzen in der Unternehmensentwicklung ebenso weiterentwickeln müssen wie das Mindset der Kommunikatoren. Die neue Unübersichtlichkeit der Kommunikationslandschaften verlangt außer digitaler Fitness auch unterhalb der Leitungsebene danach, neue Rollen anzunehmen – etwa als Moderator bei Interessenskonflikten, als interner Vermittler von Stakeholderansprüchen oder als Berater des Managements. Es geht aber ebenfalls um die Bereitschaft, wechselnde Aufgaben in temporären Teams zu übernehmen, selbstständiger zu entscheiden und schneller zu handeln. All das ist nur möglich, wenn Kontrollzwänge aufgegeben werden und sich Strategieverständnis und Methodenkenntnisse in der Unternehmenskommunikation erhöhen.

Datengesteuerte Kommunikation schafft Exzellenz

Um Akzeptanz zu erzielen, muss man die Erwartungen und Verhaltensdispositionen seiner Zielgruppen kennen. Dazu reicht die jährliche Stakeholderbefragung nicht mehr aus. Es ist vielmehr notwendig, in höherer

Frequenz solche Daten zu nutzen, die einen Zusammenhang zwischen dem aktuellen Meinungsbild, der Maßnahmen-Performance und der Kommunikationswirkung schaffen. Dabei ist das Internet selbst eine unerschöpfliche Erkenntnisquelle. Um Akzeptanzthemen zu ermitteln und zu bewerten, können Unternehmen heute auf ein breites Instrumentarium von Monitoring- und Befragungsmethoden zurückgreifen.

Die strategische Arbeit besteht darin, die Kommunikationsziele mit den Unternehmenszielen zu verknüpfen und für diese Ziele geeignete Messgrößen auszuwählen. Herausragend kommunizierende und nachhaltig erfolgreiche Unternehmen, so zeigte bereits die Exzellenzstudie (Forthmann/Rolke, 2014), sind in diesem zentralen Punkt den Unternehmen mit einer nur durchschnittlichen Kommunikationsprofessionalität signifikant überlegen. Erst die Kombination von aktuellen Daten zur Kommunikationswirkung und Kommunikationsleistung kann zu Erkenntnissen führen, die die Kommunikation agiler machen und in Folge die Chancen für Akzeptanz erhöhen oder betriebswirtschaftlich formuliert: für die unverzichtbare kommunikative Absicherung des wertschöpfenden Leistungserstellungsprozesses sorgen.

Vita

Prof. Dr. Lothar Rolke

Hochschule Mainz -
University of Applied Sciences

Lothar Rolke lehrt Betriebswirtschaftsleh-re und Unternehmenskommunikation seit 1996 an der Hochschule Mainz - Universi-ty of Applied Sciences. Seine Forschungs-schwerpunkte bilden Fragen des Manage-ments, der Steuerung und Erfolgskontrolle von Unternehmenskommunikation. Er ist Autor zahlreicher Bücher und Aufsätze zur Medien- und Unternehmenskommunikation.

Dr. Jan Sass

Partner von Lautenbach Sass,
Unternehmensberater für
Kommunikation, Frankfurt am Main

Jan Sass berät DAX-Unternehmen sowie Mittelständler bei Themen des Kommu-nikationsmanagements und Kommunika-tions-Controllings. Er ist Lehrbeauftragter an der Hochschule Hannover und Ko-Vor-sitzender des DPRG Arbeitskreises Kommu-nikationssteuerung und Wertschöpfung.

Akzeptanz muss man sich verdienen: Ansätze für die Kommunikation von Industrieunternehmen

Von Karin Geßwein und Kai vom Hoff

Deutschland ist Industrieland und das ist gut so! So könnte man das Ergebnis einer Umfrage zusammenfassen, nach der 96 Prozent der Deutschen eine starke Industrie für die zukünftige Wirtschafts- und Wohlstandsentwicklung in der Bundesrepublik für sehr wichtig oder wichtig halten (BMWi 2017: 12). Können sich die Kommunikatoren von Industrieunternehmen also entspannt zurücklehnen? Ist die lang ersehnte Industrieakzeptanz endlich da?

Nicht ganz: Denn die Akzeptanz der wirtschaftlichen Rolle der Industrie in unserem Land ist nur eine Facette. Eine andere zeigt sich beim Bau neuer Industrieanlagen oder bei Infrastrukturvorhaben. Dort treten rationale, wirtschaftliche Argumente in den Hintergrund und emotionale Fragen bestimmen die Diskussion: Ist die Anlage sicher? Bestehen gesundheitliche Gefahren? Wird meine Lebensqualität eingeschränkt? Sinkt mein Grundstückswert?

Umsätze und Wertschöpfungsnachweise helfen da nur begrenzt weiter. Denn wesentlich mehr hängt vom Vertrauen ab: Traue ich dem Unternehmen zu, dass es umsichtig und sicher handelt? Und gerade hier gibt es Nachholbedarf: Wer nicht selbst in der Industrie beschäftigt ist und auch keinen Bezug durch enge Verwandte hat, ist eher skeptisch. Nur 17 Prozent vertrauen der Industrie voll und ganz (Institut für Innovation und Technik 2017: 7)

> **„Wer nicht selbst in der Industrie beschäftigt ist und auch keinen Bezug durch enge Verwandte hat, ist eher skeptisch."**

Diese Vertrauensproblematik könnte sich zukünftig sogar noch weiter zuspitzen: Junge Menschen stehen der Industrie nämlich skeptischer gegenüber als ältere. Weniger als die Hälfte der unter 20-Jährigen interessiert sich überhaupt für Industriethemen und nur 43 Prozent befürworten den Bau von Großanlagen. Diese Einstellungen können sich mit dem Eintritt ins Erwerbsleben ändern – aber sollte man sich darauf verlassen?

Was können Akzeptanzinitiativen leisten?

Der Handlungsbedarf ist längst erkannt. Die Antwort: „Akzeptanz-Initiativen". Auf Bundesebene rief das Wirtschaftsministerium gemeinsam mit Gewerkschaften, Industrie- und Arbeitgeberverbänden das Bündnis „Zukunft der Industrie" ins Leben. Akzeptanz ist darin eines von sechs Kernthemen für die Zukunft des Industriestandorts Deutschland. Auch auf Landes- und Regionalebene entstanden Bündnisse – allein in NRW gibt es acht so genannte „Lokale Allianzen". Ihr Ziel: mehr Industrieakzeptanz. Dazu stellen sie die Rolle der Industrie als Arbeitgeber, Wertschöpfer und Technologieführer heraus und schaffen durch Veranstaltungen Berührungspunkte zwischen Unternehmen und Bürgern. Auch die Netzwerkarbeit mit gesellschaftlichen und politischen Akteuren wird durch sie vorangetrieben.

Zur Akzeptanz der Industrie als wichtiger Player am Wirtschaftsstandort Deutschland hat dies sicherlich beigetragen. Die Frage ist nur, ob sie mittelfristig auch zu einer emotionalen Bindung und höheren Akzeptanz von Industrie- und Infrastrukturprojekten führen. Eine ähnliche Problematik zeigt sich bei der Energiewende: Während Umfragen regelmäßig attestieren, dass über 90 Prozent der Deutschen diese befürworten, stoßen dafür notwendige Stromtrassen-Projekte auf weniger Gegenliebe. Es scheint also unterschiedliche Ebenen der Akzeptanz zu geben.

Vertrauenswerbung findet nicht in Anzeigen statt

Diese unterschiedlichen Ebenen verlangen nach unterschiedlichen Kommunikationsansätzen. Während eine Kampagne auf regionaler oder überregionaler Ebene Aufmerksamkeit schaffen und ein Image formen kann, ist sie weniger geeignet, Vertrauen zu schaffen. Denn es stellt sich die Frage: Verdient derjenige Vertrauen, der „offensiv" darum wirbt?

> **„Vertrauen entsteht dann, wenn Menschen konkrete, positive Erfahrungen mit einer Organisation machen."**

Vertrauen entsteht dann, wenn Menschen konkrete, positive Erfahrungen mit einer Organisation machen. Eine Vielzahl solcher Erfahrungen oder positiver Beispiele im persönlichen Umfeld führen dann zu der subjektiven Überzeugung, dass sich ein Unternehmen richtig, wahrhaftig und redlich verhält und in Zukunft verhalten wird. Deshalb ist es kein Wunder, dass das Vertrauensranking der Wirtschaftswoche von Marken angeführt wird, mit denen Menschen täglich Berührungspunkte haben: Handyhersteller, Supermarktketten und Hersteller von Haushaltsgeräten (Wirtschaftswoche: Das sind die Lieblings-Marken der Deutschen).

Industrieunternehmen haben es hier ungleich schwerer, da sich nur selten ein direkter, offensichtlicher Bezug zu „Otto-Normalverbrauchern" ergibt. Mit knackigen Kernbotschaften allein kann man das nicht kompensieren. Eine offensive Vertrauenskommunikation ohne entsprechende Grundlage kann sogar kontraproduktiv wirken. Denn wer offensiv um Vertrauen wirbt, wird auch kritischer hinterfragt. Löst er sein Versprechen nicht ein, ist der Reputationsverlust immens. Ist es einem Unternehmen mit der „Vertrauens- und Akzeptanzwerbung" ernst, bedeutet dies also mehr als reichweitenstarke Kommunikation.

> „Eine offensive Vertrauenskommunikation ohne entsprechende Grundlage kann sogar kontraproduktiv wirken."

Es braucht vielmehr eine kontinuierliche Strategie an den Standorten. Denn hier sammeln die Menschen ihre direkten Erfahrungen mit der Industrie. Auch hier gibt es viele gute Ansätze, denen eines gemein ist: Es gibt eine klar definierte Zuständigkeit für die Kommunikation mit Anwohnern sowie mit politischen und gesellschaftlichen Stakeholdern. Oder kurz: Das Unternehmen hat ein Gesicht.

Industrieakzeptanz entsteht vor Ort – aber nicht über Nacht

Wie der Dialog mit der Standortgemeinschaft gestaltet wird, ist unterschiedlich: Einige Unternehmen haben Nachbarschaftsbüros in den Stadtzentren eröffnet. Dort erreichen Bürger und Stakeholder Unternehmensvertreter täglich und nicht nur am Tag der offenen Tür. Andere Unternehmen setzen auf regelmäßige Dialogveranstaltungen zu Anwohnerthemen. Hier können sie ihre Fragen loswerden und ebenfalls einen persönlichen Eindruck von den Unternehmensakteuren gewinnen.

Doch Akzeptanz und Vertrauen hängen nicht von den Formaten ab, sondern viel mehr von grundlegenderen Faktoren:

- Zielgruppenperspektive: Wird Standortkommunikation allein als

Werbemaßnahme verstanden oder hat das Unternehmen die Befindlichkeiten und Anliegen von Anwohnern und lokalen Stakeholdern im Blick?

- Offenheit: Wie ehrlich und offen spricht ein Unternehmen über kritische Themen und negative Auswirkungen für die Nachbarschaft, wie zum Beispiel Lärmemissionen oder Verkehr?

- Engagement: Wie bringt sich ein Unternehmen in die Standortgemeinschaft ein?

- Persönlichkeit: Wird das Unternehmen mit einer Person verbunden, die kontinuierlich im Austausch mit Stakeholdern und interessierten Bürgern steht?

Diese Faktoren sollte man im Blick haben und zwar auf lange Sicht, denn Akzeptanz entsteht nicht über Nacht. Bei der Auswahl geeigneter Formate und Themen hilft es außerdem, das Unternehmen aus der Zielgruppenperspektive zu betrachten: Woran machen Anwohner und Stakeholder ihre Akzeptanz wirklich fest?

Industrieakzeptanz ist vielschichtig

Dieser Frage ist der Chemieparkbetreiber CURRENTA Akzeptanzbericht im Jahr 2016 nachgegangen und hat fünf Akzeptanzfaktoren ermittelt, die Orientierung bieten. Demnach ist Bürgern sowie politischen und gesellschaftlichen Stakeholdern ein verantwortungsvoller Umgang mit der Umwelt ebenso wichtig wie die Gewährleistung von Sicherheit. Außerdem erwarten sie von Industrieunternehmen in der Nachbarschaft, dass sie Ausbildungsmöglichkeiten und attraktive Arbeitsplätze bieten. Als weiterer Akzeptanzfaktor wurde eine offene und transparente Kommunikation genannt.

> **„Als weiterer Akzeptanzfaktor wurde eine offene und transparente Kommunikation genannt.“**

Abschließende Gewissheit, ob die gewählten Themen und Maßnahmen passend sind, kann jedoch nur eine gezielte Evaluation ermitteln. CURRENTA hat die Evaluation im Rahmen des Akzeptanzberichts transparent durchgeführt und auch Optimierungspotenziale offen gelegt. Das muss nicht für jedes Unternehmen der richtige Weg sein, löst den Anspruch auf Transparenz aber in besonderem Maße ein.

Ausblick: interne und externe Herausforderungen

Welche Herausforderungen stehen Industrieunternehmen im Hinblick auf ihre Akzeptanz in den nächsten Jahren bevor? Es wird vor allem entscheidend sein, ob junge Menschen Zugang zu Industriethemen finden und zwar nicht nur diejenigen, die ihre Kindheit in einer Industriestadt verbracht haben. Kommunikation muss dazu Transparenz und eine persönliche Bindung schaffen.

Das wiederum scheitert in der Praxis oftmals schon an der internen Organisation. Denn kommt eine Frage im Nachbarschaftsbüro an, braucht es Fachleute, die sie beantworten. Diese fühlen sich hier aber oftmals nicht zuständig. Andersherum müssen gerade auch Planer und Projektmanager für die Bedürfnisse von Bürgern und Stakeholdern sensibilisiert werden, etwa für die Notwendigkeit einer frühzeitigen und dialogorientierten Projektkommunikation. Denn bindet man Bürger in die Lösungsfindung ein, sind 76 Prozent sogar dazu bereit, lokale Beeinträchtigungen zu akzeptieren (Institut für Innovation und Technik 2017: 30)

> „Wichtig ist ein Commitment im ganzen Unternehmen, dass Akzeptanz als Erfolgsfaktor in allen Prozessen berücksichtigt wird."

Der erste Schritt dazu bleibt jedoch ein Commitment im ganzen Unternehmen, dass Akzeptanz als Erfolgsfaktor in allen Prozessen berücksichtigt wird.

Und es bleibt die Herausforderung, die Zielgruppen wirklich zu erreichen. Der Durchschnittsbürger verspürt von sich aus nicht das Verlangen, sich jede Woche mit Industriethemen auseinanderzusetzen. Das macht er erst dann, wenn durch die Ausbildungsplatzsuche des Kindes oder die Geruchsbelästigung auf der Terrasse eine Notwendigkeit besteht. Umso wichtiger ist es, Themen an den Interessen der Zielgruppe auszurichten. Erste Ansätze können ein Sicherheitstag mit der Werkfeuerwehr, ein Bewerbertraining mit dem Ausbildungsleiter oder produktbezogene Angebote sein.

All das deutet darauf hin, dass Kommunikation kleinteiliger wird – zumal Regionalzeitungen als Kanal nicht mehr ausreichen und auch über Vereine nicht mehr die Mehrheit vor Ort erreicht werden kann. Aufmerksamkeit deshalb über Werbekampagnen zu schaffen, ist jedoch nicht zielführend. Eine offene Haltung und das Einlösen des Vertrauensversprechens im konkreten Handeln sind vielversprechender. Auf diesem Weg verdient die Industrie zukünftig nicht nur als Wirtschaftsfaktor, sondern auch als Nachbar und gesellschaftlicher Akteur Akzeptanz und Vertrauen.

Literatur

[1] BMWi (2017): Bündnis „Zukunft der Industrie". Eine Zwischenbilanz (2015 – 2017), Frankfurt

[2] Institut für Innovation und Technik (iit) in der VDI/VDE Innovation + Technik GmbH (2017): Abschlussbericht Studie „Messung der Industrieakzeptanz in Deutschland", Berlin

[3] Wirtschaftswoche: Das sind die Lieblings-Marken der Deutschen: https://www.wiwo.de/unternehmen/handel/vertrauensranking-hoehere-preise-laengere-bindung /20388428-2.html [29.03.2018]

Vita

Kai vom Hoff, Dipl.-Betriebswirt

*Geschäftsführender Gesellschafter
vom Hoff Kommunikation GmbH*

Nach Volontariat, Wirtschaftsstudium und Stationen in der Industrie trat Kai vom Hoff 1990 in die Agentur seines Vaters ein. Seitdem berät er Unternehmen, Organisationen und öffentliche Auftraggeber in strategischen Kommunikationsfragen. Zu den Branchenschwerpunkten der Agentur zählen Chemie, Energie und Logistik.

Karin Geßwein, M.A.

*Senior Beraterin
vom Hoff Kommunikation GmbH*

Die Politik- und Medienwissenschaftlerin Karin Geßwein berät und unterstützt seit 2008 Industrie-, Energie- und Rohstoffunternehmen bei ihrer Kommunikation im politischen und gesellschaftlichen Umfeld. Sie war zwischenzeitlich als stellvertretende Leiterin der Servicestelle „Dialog schafft Zukunft" des NRW-Wirtschaftsministeriums tätig. Außerdem verantwortete sie auf Agenturseite die Umsetzung des CURRENTA Akzeptanzberichts, der vom VCI 2016 als bundesweit bestes Dialogprojekt ausgezeichnet wurde.

Eine Frage der Haltung – Reputationsmanagement für Lobbyisten

Von Ekkehard Seegers

Die Berufsbezeichnung „Lobbyist" ist hierzulande zu einem überaus beliebten Schimpfwort geworden. Weite Teile der Gesellschaft sind geneigt, die Repräsentanten dieses Berufsstandes für die Beeinflussung der Politik mit unlauteren Mitteln verantwortlich zu machen – aus Gründen wirtschaftlichen Gewinnstrebens. Da ist von Bestechung und Kumpanei die Rede, von geheimen Absprachen in Hinterzimmern und von Lobbyisten, die sich mit Visitenkarten von Bundesministerien Zugang zu Informationen verschaffen. Kurz: Lobbyisten haben ein Akzeptanz-Problem und müssen zur Behebung Kommunikation in eigener Sache betreiben.

> „Lobbyisten haben ein Akzeptanz-Problem und müssen zur Behebung Kommunikation in eigener Sache betreiben."

Zugegeben: Diese verwerflichen und unethischen Fälle sind bedauerliche Realität. Einige wenige pechschwarze Schafe unter den Lobbyisten haben damit ihren gesamten Berufsstand in Misskredit gebracht. Dennoch betonen Politiker auf der einen sowie Wirtschaft, Industrie und Zivilgesellschaft auf der anderen Seite die Notwendigkeit einer politischen Interessenvertretung.

Das Dilemma ist offensichtlich: Ein Weg hin zu mehr Akzeptanz des Berufsstands soll hier im Ansatz aufgezeigt werden. Doch zuvor einige Fakten:

1. Lobbyismus heißt Interessenvertretung von Organisationen gegenüber Politik und Gesellschaft – nichts anderes. Diese Interessenvertretung ist durch die Artikel 5 (Meinungsfreiheit) und 9 (Koalitionsfreiheit) unseres Grundgesetzes geschützt und damit integraler Bestandteil unseres demokratischen Grundverständnisses.

2. Interessenvertreter sind danach nicht nur Wirtschaftsunternehmen, sondern auch Umweltorganisationen und andere zivilgesellschaftliche Vereinigungen. Letztere stehen jedoch nicht in der allgemeinen Kritik, sondern erfreuen sich großer Wertschätzung. Sie werden gar nicht als Lobbyisten wahrgenommen, obwohl sie es de facto sind. Hier drängt sich die Frage auf: Haben zivilgesellschaftliche Institutionen ein besseres Akzeptanz-Management?

3. Im besten Fall profitieren Lobbyisten und Politiker gleichermaßen: Politiker sind mit einer Vielzahl unterschiedlicher Gesetzgebungsverfahren konfrontiert, die sie gar nicht alle bis in die letzten Verästelungen durchdringen können. Aber nur gut informierte Politiker können sachgerecht und im Sinne der Bürger entscheiden. Daher sind sie auf Informationen externer Experten angewiesen, insbesondere im Hinblick auf die Folgenabschätzung politischen Handelns.

    Lobbyisten auf der anderen Seite sind auf den Kontakt zur Politik angewiesen, weil diese den regulatorischen Rahmen setzt, der sich auf alle Bereiche der Organisationen auswirkt. Das gilt für Wirtschaftsunternehmen und zivilgesellschaftliche Institutionen in derselben Weise.

Das schlechte Image von Wirtschafts-Lobbyisten erscheint demnach kein strukturelles oder grundsätzliches Problem zu sein, sondern ist ganz offensichtlich auf das Fehlverhalten einiger Vertreter zurückzuführen.

Um den Berufsstand des Lobbyisten aus der „Schmuddelecke" zu holen, bedarf es deutlicher Akzeptanzbemühungen. Viele Institutionen unterschiedlichster Art haben in den zurückliegenden Jahren bereits gelernt, dass sie ohne Akzeptanz von Politik und Gesellschaft keine Chance haben, ihre Ziele zu erreichen.

> „Um den Berufsstand stand des Lobbyisten aus der „Schmuddelecke" zu holen, bedarf es deutlicher Akzeptanzbemühungen."

Es gibt also allerhand zu tun. Unbedingte Voraussetzung dazu ist der ehrliche Wille zu Offenheit und Transparenz. Ist dies lediglich ein Lippenbekenntnis ohne eine aufrichtige Haltung dahinter, werden alle Stakeholder dies rasch bemerken. Und die Bemühungen um Akzeptanz werden ins Leere laufen.

Wie könnten Maßnahmen aussehen, die die Reputation des Berufsstandes Lobbyist nachhaltig verbessern? Der Expertenkreis Public Affairs der Deutschen Public Relations Gesellschaft (DPRG) hat in seinem Positionspapier dazu ein Bündel von Aktionen vorgeschlagen, die ein Schritt in die richtige Richtung sein können:

*   Einrichtung einer Expertenkommission beim Deutschen Rat für Public Relations als Organ der Selbstregulierung für den Austausch zwischen Politik und Lobbyisten.

*   Einrichtung eines verbindlichen Transparenzregisters für deutsche

Lobbyisten nach Brüsseler Vorbild. Hier sollten klare Vorgaben zum Umfang der Offenlegungspflichten sowie die Anerkennung einschlägiger Verhaltenskodizes niedergelegt sein.

- Einrichtung eines bzw. einer Interessenbeauftragten der Bundesregierung, in dessen/deren Hände auch Sanktionsmöglichkeiten für den Fall von Verstößen gegen die genannten Vorschriften gelegt werden.

- Veröffentlichung der Genese eines jeden Gesetzes inkl. aller Stellungnahmen von Experten, Verbänden, etc. Diese Veröffentlichungspflicht muss jedoch ihre Grenze bei allen Betriebsgeheimnissen und Sachverhalten finden, die die Sicherheit gefährden können.

Der Expertenkreis will zudem das Berufsbild der Lobbyisten aktiv entwickeln, einheitliche Ausbildungsstandards auf wissenschaftlichem Niveau schaffen und strenge Ethik-Kodizes als verpflichtend etablieren.

Hier soll nicht der Eindruck vermittelt werden, dass die Umsetzung der genannten Maßnahmen alle Akzeptanz-Probleme der Lobbyisten lösen könnte. Denn schwarze Schafe werden immer einen Weg finden, ethische Grundsätze zu umgehen. Aber es könnten wichtige Schritte auf dem Weg zur besseren Reputation eines Berufsstandes sein, der zunehmend in der Kritik steht. In der letzten Konsequenz zum Erfolg führen werden nur maximale Transparenz – und die Haltung eines jeden Einzelnen.

Vita

Ekkehard Seegers hat fast 10 Jahre lang die Public Affairs des Chemiepark-Managers und -Betreibers Currenta geleitet. Er ist jetzt Lehrbeauftragter für Public Affairs und als freier Berater, Trainer und Moderator tätig, außerdem engagiert er sich im Expertenkreis Public Affairs der DPRG.

Ekkehard Seegers

Seegers Public Affairs

Sag „Ja"! – „Akzeptanzkommunikation" oder Persuasion?

von Vazrik Bazil

Ist „Akzeptanzkommunikation" ein neuer Name für eine alte Sache oder tatsächlich ein neues Feld, das dem Blick der Kommunikationsgilde bislang entgangen ist? Trifft hier die Einsicht Nietzsches zu, wonach wir erst Wörter erfinden in der Hoffnung, dass ihnen später auch Sachen entsprechen mögen? Anders gewendet: Ist „Akzeptanzkommunikation" etwas anderes als Persuasion? Trug doch die Überschrift der DPRG-Veranstaltung „Takeoff 2018" im Januar in Berlin selbst Wendungen, wie „Stakeholder überzeugen" und „Zustimmung gewinnen".

Sowohl auf den ersten als auch auf den zweiten Blick kommt man nicht umhin, als „Akzeptanz" der „Überzeugung" oder „Persuasion" zuzurechnen, denn plant man den Bau eines Hauptbahnhofs und will man klugerweise mittels einer Vorfeldkommunikation die Zustimmung der Einwohner zu diesem Projekt gewinnen, und das heißt deren „Akzeptanz" erringen, bedarf es einer sehr biegsamen Einbildungskraft, um darin keinen Akt der „Überzeugung" erkennen zu wollen, sondern etwas Eigenes. Die Betroffenen wollen schließlich in unseren Breitengraden die Beteiligten sein.

Den Versuch, „Akzeptanzkommunikation" von Persuasion zu unterscheiden, um eine eigenständige Bedeutung herauszuschälen, vermag ich nicht mitzuvollziehen. Ich sehe keinen Unterschied zwischen den beiden. Mögliche Präzisierungen, wie Akzeptanz sei nur eine ausgedünnte Überzeugung oder bloß der erste Schritt im Überzeugungsgeschehen oder die Bedingung für die eigentliche Überzeugungsarbeit oder sie sei eine passive Toleranz gegenüber dem Handeln einer Organisation, klingen künstlich. Auch deshalb, weil die Methoden, wonach wir Stakeholder „überzeugen" und wonach wir deren „Akzeptanz" erreichen, dieselben sind – Partizipation, Transparenz, Glaubwürdigkeit usw. Man mag einwenden, persuasiv sei schließlich die gesamte organisierte Kommunikation, doch akzeptierten wir deren Verästelungen, wie „Issues Management" oder „Krisenmanagement", warum also auch

> „Den Versuch, „Akzeptanzkommunikation" von Persuasion zu unterscheiden, um eine eigenständige Bedeutung herauszuschälen, vermag ich nicht mitzuvollziehen."

nicht „Akzeptanzkommunikation"? Es stimmt, auch diese Formen münden in Überzeugungen ein, aber beide haben Besonderheiten (z.B. Früherkennung von Themen, Vorbeugung von Krisen), die es uns erlauben, den allgemeinen Begriff der Überzeugung zugunsten einer speziellen Disziplin hintanzustellen.

„Akzeptanzkommunikation" beschreitet dagegen keinen Sonderweg. Sie ist der kluge Versuch, im Vorfeld von Entscheidungen und Handlungen das Wohlwollen und die Zustimmung der Öffentlichkeiten für ein Vorhaben zu gewinnen. Übertragen auf das vorerwähnte Beispiel stellt sich die Frage: Ist der Bau des Hauptbahnhofs für die Einwohner der Stadt sinnvoll oder nicht? Akzeptanz erreichen die Verantwortlichen für diesen Bau dann, wenn es ihnen gelingt, den Sinn des Unterfangens den Betroffenen zu vermitteln. Will ein Automobilhersteller ein Werk bauen, ist es zweckmäßig, sich um die Zustimmung der Einwohner zu bemühen. Sind diese überzeugt, so hat er keinen Widerstand zu fürchten und kann getrost sein Werk bauen. Ob ihm das gelingt, weil feingekleidete Manager mit PowerPoint eine fulminante Präsentation hinlegen oder weil der Dorfpfarrer in seiner Mundart den Bürgern erklärt, weshalb der Bau des Werkes sinnvoll sei, so handelt es sich stets um einen Überzeugungsakt. Dadurch erweitert das Unternehmen seinen Handlungsspielraum.

> **„Einflussnahme heißt Überzeugung. Und Überzeugung ist das Thema der Rhetorik."**

Jede Kommunikation zielt letztlich darauf, Öffentlichkeiten zu informieren, deren Meinungen und Einstellungen (Images) zu festigen oder zu ändern und deren Verhalten zu beeinflussen. Wie sich Verhalten, Einstellung, Meinung und Information zueinander verhalten, sei dahingestellt. Diese Einflussnahme heißt Überzeugung. Und Überzeugung ist das Thema der Rhetorik.

Heute ist zwar Rhetorik ein Teil der PR, ursprünglich jedoch ist PR oder das, was man später „organisierte Kommunikation" genannt hat, schon in der Rhetorik vorgebildet. Die klassische Rhetorik bietet bereits die grundlegenden Eckpunkte jeder Kommunikation:

- Publikum
- Zielgruppe
- Botschaft der Rede
- Botschaft der kommunikativen Aktion
- Kleidung
- Äußeres Erscheinungsbild

- Körpersprache/Stimme
- Gestik und Mimik
- das Angemessene *(aptum)*
- Guter Redner *(ethisch)*

- Verhalten
- Inszenierung
- Zeitwahl (Timing)
- „Glaubwürdigkeit", „Vertrauen", PR-Codices

Heute aber ist umgekehrt Rhetorik ein Teil des Kommunikationsmanagements, als ob dieses jene umfasste. Diese Zuordnung aber verkennt, wie rhetorisch im Grunde jede Kommunikation ist, bestrebt, dem eigenen Anliegen soziale Geltung zu verschaffen. So ist auch „Akzeptanzkommunikation" rhetorisch verfugt und – wie die organisierte Kommunikation – sprachlich dimensioniert.

Wie die Sprache – mündlich und schriftlich – überzeugt oder Akzeptanz schafft, ist keine neue Frage. Wir wissen, wie wichtig es ist, verständlich zu sein. Kommunikationstexte sind Gebrauchstexte und keine poetische, weshalb Verständlichkeit unabdingbar ist. Ferner tragen Attraktivität (Aufmerksamkeit, Pointen, Geschichten, Humor usw.), Höflichkeit (Serviceorientiert, kein herrischer Ton usw.) und Glaubwürdigkeit (Vertrauen) zur Überzeugung bei. Dass auch das Geheimnisvolle und Unverständliche kommunikativen Zielen dienen könnte, verdeutlich ein Bonmot von Franz Josef Strauß: In einer guten Rede sagt der Redner dem Publikum zuerst das, was es schon weiß, dann das, was ihm neu ist und schließlich das, was es nicht versteht. Die Aura des Expertentums ist auch die Aura des Geheimnisvollen. In der Regel aber ist es in der Alltagskommunikation eher sinnvoll, verständlich als unverständlich zu sein.

> **„**Deshalb steigt die Wahrscheinlichkeit der Zustimmung zu einem Projekt oder zu einem Unternehmen je nachdem, ob und inwiefern die Werte auf beiden Seiten sich ähneln.**„**

Über diese Prinzipien der mündlichen und schriftlichen Kommunikation – Verständlichkeit, Höflichkeit, Attraktivität und Glaubwürdigkeit – ist viel geschrieben und geredet worden. Dass gerade Organisationen manchmal Nähe mit Anbiederung verwechseln oder Souveränität mit Überheblichkeit oder beim „Abholen" der Menschen „dort, wo sie sind", selber dort stecken bleiben, wo sie andere abzuholen gedenken, sind wichtige Fragen, die uns hier nicht weiter beschäftigen.

Viel wichtiger ist bei jeder, auch sprachlicher, Überzeugung bzw. „Akzeptanz", das Prinzip „Ähnlichkeit": Sei denen ähnlich, die Du von Deiner Handlung oder von Dir selbst überzeugen willst. „Ähnlich sein" bedeutet nicht zwangsläufig, so zu sein, wie der Adressat der Kommunikation; ein Politiker ist nie so, wie ein Arbeiter im Untertagebau oder ein Manager so, wie ein Angestellter; Ähnlichkeit bezieht sich vorwiegend auf das, was man „Werte" zu nennen pflegt. Deshalb steigt die Wahrscheinlichkeit der Zustimmung zu einem Projekt oder zu einem Unternehmen je nachdem, ob und inwiefern die Werte auf beiden Seiten sich ähneln. „Framing" ist das Verfahren, wonach Argumente als Werterahmen dienen, um z. B. die Einwohner einer Stadt vom Bau eines neuen Hauptbahnhofs oder eines Werkes zu überzeugen. Mit Werterahmen ließen sich ferner auch Kriege rechtfertigen – sogar in Gesellschaften, die von sich behaupten, friedfertig zu sein. Rahmen Politiker ihre Erklärungen, weshalb es notwendig sei, in den Krieg zu ziehen, mit Werten ein, die ihnen und dem Volk gemeinsam sind, so ist es wahrscheinlicher, dass das Volk dem Krieg zustimmt (Menschenrechte verteidigen, Terror bekämpfen, Demokratie etablieren usw.).

Rein sprachliche Werteähnlichkeit bietet der Semio-Dialog – eine empirisch getestete Methode, die sich auf Semiometrie stützt und die 14 Wertekategorien der Gesellschaft, wie „sozial", „kritisch", „traditionell", „familiär", „verträumt", „religiös", „materiell" usw. sprachlich in kommunikativen Maßnahmen abbildet, so dass Marke und Zielgruppe in ihren Werten übereinstimmen (Petras, Bazil: 2008).

Zusammenfassend: Mir scheint, dass „Akzeptanzkommunikation" ein weiterer Begriff für Persuasion ist ohne einen selbstständigen Zug zu tragen. Deshalb gelten für sie dieselben Bedingungen wie für jeden anderen persuasiven Akt. Dieser Begriff hat allerdings einen Vorteil: Er weist wieder, aber anders darauf hin, dass die Legitimation des eigenen Handelns selbst eine Botschaft ist, die für Öffentlichkeiten höchst persuasiv sein soll.

Literatur

[1]   Petras, A., Bazil, V. (2008): „Wie die Marke zur Zielgruppe kommt: Optimale Kundenansprache mit Semiometrie", Wiesbaden: Gabler

Vita

Dr. phil. Vazrik Bazil

selbstständiger
Kommunikationsberater

Vazrik Bazil ist Vortragsredner, Autor, Dozent und Kommunikationsberater. Er studierte an der Päpstlichen Universität Gregoriana in Rom, der Ludwig-Maximilians-Universität in München und der Hochschule für Philosophie München S.J. Neben seiner Beratungstätigkeit für Unternehmen und Parteien geht er einer Lehrtätigkeit an mehreren Universitäten und Hochschulen nach und war Präsident des Verbandes der Redenschreiber deutscher Sprache (2010-2016). Er ist Gründer und Leiter des DPRG-VRdS-Arbeitskreises „Sprache und Unternehmenskultur".

In der Doppelrolle

Von Sascha Stoltenow

Die Digitalisierung fordert Kommunikationsverantwortliche gleich zweifach heraus. Eine ihrer wesentlichen Aufgaben ist es, im Sinne der Ziele des Unternehmens oder der Organisation daran mitzuwirken, dass alle Stakeholder die durch die Digitalisierung ausgelösten übergreifenden Veränderungen verstehen und als sinnvoll akzeptieren. Gleichzeitig müssen sie damit umgehen, dass digitale Werkzeuge und Kanäle ihre Arbeit grundlegend verändern. Kommunikatorinnen und Kommunikatoren sind also gleichermaßen Treiber und Getriebene. Auch beim Thema Akzeptanzkommunikation zeigt sich diese Doppelrolle. Akzeptanz für Digitalisierung herzustellen, bedeutet in einer digital vernetzten Welt in der Regel immer auch digitale Medien und Kanäle zu nutzen, also Akzeptanz durch Digitalisierung zu schaffen. Was bedeutet das für die Unternehmenskommunikation?

In der DPRG-Fachgruppe Digitale Transformation arbeiten wir seit 2015 gemeinsam an Antworten auf diese Frage. Dabei haben sich vier inhaltliche Schwerpunkte herauskristallisiert.

1. Die zukünftige Rolle der Unternehmenskommunikation

2. Führung und Organisation der Unternehmenskommunikation

3. Wirkung und Relevanz von Kommunikation

4. Kompetenzen von Kommunikatorinnen und Kommunikatoren

Einige der wesentlichen Ergebnisse unserer Arbeit haben wir für diesen Text zusammengefasst. Außerdem hat sich gezeigt, dass es sinnvoll ist, sich über grundlegende Begriffe zu verständigen. Auch dazu wollen wir hiermit im Sinne eines Positionspapiers beitragen.

Akzeptanz, digitale Transformation und Unternehmenskommunikation

Bevor Sie weiterlesen, möchten wir Sie zu einem kleinen Experiment einladen. Geben Sie in der Suchmaschine Ihres Vertrauens nacheinander die Begriffe „Digitalisierung", „Digitale Transformation", „Künstliche Intelligenz" und „Industrie 4.0" ein und suchen Sie nach Bildern. Was fällt Ihnen auf? Als wir dies zuletzt getan haben, konnten wir nur sehr wenige Bilder von Menschen finden. Stattdessen überwiegen abstrakte, technizistische

Darstellungen von Vernetzungen. Die Ergebnisse der Suchmaschinen zeigen uns damit eine der wesentlichen Herausforderungen, wenn es darum geht, die Veränderungen durch die Digitalisierung zu erklären. Wenn Menschen sich im wahrsten Sinne des Wortes nicht wiederfinden, wird es schwer, sie für Neues zu begeistern.

Wenn wir die Akzeptanz für die Digitalisierung fördern wollen, müssen wir also unter anderem (Sprach)Bilder finden und nutzen, die den Menschen zeigen, dass und wie sie eine aktive Rolle bei der Gestaltung der Veränderungen spielen. Denn erfolgreich ist Kommunikation im Sinne Luhmanns nur, wenn die Einzelne den „Inhalt der Kommunikation als Prämisse des eigene Verhaltens übernimmt." (Luhmann, S. 218). Aber von welchem Begriff der Digitalisierung gehen wir dabei aus?

Thomas Hess, Professor am Institut für Wirtschaftsinformatik und Neue Medien an der Ludwig-Maximilians-Universität München nennt zwei Interpretationen. Zum einen eine technische Erklärung, nach der die „Digitalisierung (...) die Überführung von Informationen von einer analogen in eine digitalen Speicherform (bezeichnet)." In der zweiten Lesart meint Digitalisierung „die Übertragung von Aufgaben, die bisher vom Menschen übernommen wurden, auf den Computer." Außerdem stellt er fest, dass „Digitalisierung häufig auch mit digitaler Transformation gleichgesetzt" werde. (Quelle: http://www.enzyklopaedie-der-wirtschaftsinformatik.de/lexikon/technologien-methoden/Informatik--Grundlagen/digitalisierung)

> **„Wenn Menschen sich im wahrsten Sinne des Wortes nicht wiederfinden, wird es schwer, sie für Neues zu begeistern."**

Digitale Transformation wiederum definiert Key Pousttchi, Professor für Wirtschaftsinformatik und Digitalisierung an der Universität Potsdam als „Veränderungen des Alltagslebens, der Wirtschaft und der Gesellschaft durch die Verwendung digitaler Technologien und Techniken sowie deren Auswirkungen. Hierbei kann zwischen den Dimensionen Leistungserstellung, Leistungsangebot und Kundeninteraktion unterschieden werden." (Quelle: http://www.enzyklopaedie-der-wirtschaftsinformatik.de/lexikon/technologien-methoden/Informatik--Grundlagen/digitalisierung/digitale-transformation)

Zu den typischen Auswirkungen gehören laut Helmut Schneider, Professor an der Steinbeis-Hochschule Berlin und Direktor des Steinbeis-Transfer-Instituts Digitale Transformation, u.a. neue Erkenntnismöglichkeiten, weil Computer Muster erkennen, die Menschen nicht erkennen können, beispielsweise bei der Anwendung von Big Data, die Senkung von Transaktionskosten, die Symmetrisierung von Informatioen, Grenzkostenmarginalisierung, Individualisierung sowie die Emanzipation von Raum und Zeit. (vgl. u.a. http://transfermagazin.steinbeis.de/?p=2807)

Vor dem Hintergrund dieser Definitionen von Akzeptanz, Digitalisierung und digitaler Transformation lässt sich eine wesentliche Aufgabe der Unternehmenskommunikation in der digitalen Transformation wie folgt umreißen: die Unternehmenskommunikation überzeugt alle Stakeholder – also auch sich selbst – davon, die Prämissen ihres eigenen Handelns so zu wählen und gegebenenfalls zu verändern, dass sie zum Erfolg des Unternehmens oder der Organisationen auch angesichts der durch die Digitalisierung ausgelösten Veränderungen beitragen. Die grundsätzliche Aufgabe der Unternehmenskommunikation verändert sich also im Kern nicht. Sie soll weiterhin Orientierung, Motivation, Information, Legitimierung und Führung unterstützen. Allerdings haben sich die inhaltlichen, technischen und organisatorischen Anforderungen verändert und damit auch die Art und Weise wie Kommunikation diese Veränderung begleiten muss. Das erfordert von allen Beteiligten, dass sie sich auf Neues einlassen müssen.

> **„Die grundsätzliche Aufgabe der Unternehmenskommunikation verändert sich also im Kern nicht."**

Ergebnisse der Fachgruppenarbeit

In der Fachgruppe verstehen wir digitale Transformation deshalb als gemeinsame Lernaufgabe mit den oben genannten vier inhaltlichen Schwerpunkten. Die Rolle der Unternehmenskommunikation entwickelt sich dabei von der eines internen Dienstleisters der Unternehmensführung hin zu einem Sparringspartner des Managements sowie Enabler der internen Stakeholder. Durch ein gezieltes Monitoring des kommunikativen Umfelds der Unternehmung erhöht sie im Sinne des „Organisational Listenings" ihre Steuerungskompetenz ebenso wie den Beitrag zur Wertschöpfung. Die Akzeptanz der internen Stakeholder ist dabei entscheidend dafür, dass diese Rollenerweiterung gelingt.

Im Hinblick auf Führung und Organisation zeichnen sich die folgenden Trends ab. An die Stelle von Abteilungen mit streng getrennten Kommunikationsaufgaben treten zunehmend Modelle, bei denen eine abteilungsübergreifende horizontale Vernetzung stattfindet. Die Kommunikation ist nicht mehr reine Stabsstelle sondern ein Drehkreuz („Hub") für Inhalte. Unternehmen kommunizieren nicht mehr nur über Kommunikationsabteilungen sondern die kommunikative Autonomie anderer Abteilungen („Corporate Functions") wächst. Eine Folge davon ist, dass zahlreiche Unternehmen ihre Kommunikation nicht mehr primär nach Kanälen sondern nach Themen und Zielgruppen organisieren. Für die Operationalisierung bauen sie unter anderem Newsroom-Modelle auf, entwickeln Content-Strategien und nutzen zunehmen agile Arbeitsmethoden. Für die Umsetzung gibt es dabei keine Standardmodelle. Sie ist abhängig von den konkreten Anforderungen und Ressourcen des jeweiligen Unternehmens.

> „Die Kommunikation ist nicht mehr reine Stabsstelle sondern ein Drehkreuz („Hub") für Inhalte."

Die Neuorientierung der Unternehmenskommunikation zeigt sich auch in der Einschätzung, wie Kommunikation in Zukunft ausgerichtet sein muss, um wirksam und relevant zu sein. Zum Dreh- und Angelpunkt werden Stories, die sich an den inhaltlichen Interessen der Stakeholder orientieren. Das Ziel ist ein konsistenter Auftritt über alle Kontaktpunkte hinweg („User Experience"). Über die Wirksamkeit der Kommunikation entscheiden dabei zukünftig weniger das Bauchgefühl als vielmehr nachprüfbare Messungen.

Bei den Kompetenzen verstehen sich Kommunikatorinnen und Kommunikatoren grundsätzlich als innovationsoffen. Nachholbedarf sehen sie unter anderem bei der Erarbeitung der strategischen Grundlagen für die digitale Kommunikation sowie beim Grundwissen in angrenzenden Bereichen, insbesondere der technischen Möglichkeiten. Die Aussagen aus der Fachgruppenarbeit decken sich unter anderem mit den Ergebnissen der Digital Fitness-Studie von LautenbachSass und PRCC: http://www.lautenbach-sass.de/files/digital_fitness-studie_2017.pdf

Laut Studie stellt der Einsatz digitaler Technologien die größte Herausforderung im Arbeitsalltag dar. Die höchste Priorität liegt für die Befragten bei der Entwicklung einer Digitalstrategie. Dringlich sind laut Umfrage vor allem die Einführung von internen Collaboration-Tools und die Entwicklung bzw. Anpassung der Governance.

Perspektiven für die Unternehmenskommunikation

Unternehmenskommunikation, die Akzeptanz erzeugen will, muss Zuversicht vermitteln. Insbesondere im Kontext der Digitalisierung bleiben derzeit noch zu viele Aspekte völlig abstrakt. Sprachlich und visuell dominiert eine technizistische Darstellung. Eine wesentliche Aufgabe der Unternehmenskommunikation ist es, konkret zu beschreiben, was die Digitalisierung für die Stakeholder bedeutet. Es reicht nicht, die technischen Funktionen und Möglichkeiten zu beschreiben und zu hoffen, dass die Akzeptanz sich aus dem passiven Konsum dieser Inhalte und der Nutzung der Instrumente ergibt. Digitalisierung ist Detailarbeit von Menschen an konkreten Aufgaben. Wer Akzeptanz für die digitale Transformation schaffen will, muss diese Details deutlich machen und zeigen, was jeder Einzelne beitragen kann. So entstehen Sinn und Bedeutung, die Menschen zuversichtlich machen.

Praxisbeispiel
Führungskräfte nutzen digitale Tools – Wissensmanagement mit dem Telefónica DigitalBrain

Es war eine der größten Fusionen der Telekommunikationsbranche in Europa und zugleich eine besondere Herausforderung für die interne Kommunikation. Als Telefónica Deutschland 2014 den bisherigen Konkurrenten E-Plus übernahm, mussten tausende Kollegen sich erst einmal kennenlernen und dann in Höchstgeschwindigkeit ihre Geschäftsprozesse zusammenführen. Es gab unterschiedliche Systeme, Prozesse, Wissensstände und Verantwortlichkeiten. Und daraus resultieren eine Menge Fragen. Denn selbst die Suche nach den kleinsten Dingen wird zur Herausforderung, wenn der richtige Ansprechpartner nicht bekannt ist.

Für die Unternehmenskommunikation bedeutete das: den Dialog fördern, die Scheuklappen organisatorischer, fachlicher Silos überwinden und ein gemeinsames Arbeitsumfeld schaffen. Ein neues Tool zum Wissensmanagement wird nur akzeptiert, wenn es sich einfach in die tägliche Arbeit integriert, leicht zu bedienen ist und Spaß macht.

Traditionelle Ansätze des Wissensmanagements haben meist nur Daten, Datenspeicher und Dokumente im Fokus, aus denen sie Informationen mit ausgefeilten Analysen extrahieren. Dabei bleiben der weit größere Teil des Wissens und die besten Ideen ungenutzt in den Köpfen der Mitarbeiter. Mit dem so genannten DigitalBrain von Telefónica will man diesen Wissensschatz heben, die Mitarbeiter in ihrer täglichen Arbeit unterstützen und sie so zum Teil des digitalen Wandels machen. Als intelligentes Tool sollte das DigitalBrain Mitarbeiter vernetzen, Wissen sichern und jedem digital zugänglich machen – egal, ob es um Strategisches oder Alltägliches geht. Die künstliche Intelligenz dahinter verspricht eine neue Form des Wissensmanagements: eine selbsttätige Suche nach den passenden Experten. Mitarbeiter müssen nur eine Frage eintippen, und schon vermittelt ein Algorithmus den richtigen Antwortgeber. Dazu muss man Hürden für die Mitarbeiter minimieren. (https://blog.telefonica.de/2016/03/know-how-netzwerk-mit-kuenstlicher-intelligenz-arbeit-4-0-mit-dem-digitalbrain/)

Literatur

[1] Luhmann, N. (1993): Soziale Systeme : Grundriss einer allgemeinen Theorie, 4. Aufl., Frankfurt am Main: Suhrkamp

[2] http://www.enzyklopaedie-der-wirtschaftsinformatik.de/lexikon/technologien- methoden/Informatik--Grundlagen/digitalisierung

[3] http://www.enzyklopaedie-der-wirtschaftsinformatik.de/lexikon/technologien-methoden/Informatik--Grundlagen/digitalisierung/digitale-transformation

[4] http://www.lautenbachsass.de/files/digital_fitness-studie_2017.pdf

[5] https://blog.telefonica.de/2016/03/know-how-netzwerk-mit-kuenstlicher-intelligenz- arbeit-4-0-mit-dem-digitalbrain/

Vita

Sascha Stoltenow, M.A.

Patner bei
SCRIPT Communications, Frankfurt a.M.

Bei SCRIPT ist Sascha Stoltenow für die Themen B2B-Kommunikation, Content-Strategie und Digitale Transformation verantwortlich. Im Ehrenamt leitet er die Fachgruppe Digitale Transformation in der Deutschen Public Relations Gesellschaft (DPRG).

Akzeptanz durch Videokommunikation

Von David Peter

Einleitung

Ob bei Bauvorhaben, Infrastrukturprojekten oder Gesetzesänderungen: Organisationen sehen sich heute mit einer immer größeren Vielzahl unterschiedlicher Interessen und Interessengruppen konfrontiert. Misstrauische Anwohner, Aktivisten-Gruppen und eine generell kritischere Medienöffentlichkeit fordern von Unternehmen und Institutionen nicht nur eine rasche Reaktion, dauerhafte Information und eine klare Haltung, sondern auch eine ständige Verfügbarkeit der Unternehmenskommunikation auf allen Kanälen. Eine umfassend integrierte Akzeptanzkommunikation wird für Organisationen daher zunehmend wichtiger.

Darüber hinaus hat sich in den letzten Jahren die Erwartungshaltung der Konsumenten und Rezipienten durch die allgegenwärtige Verfügbarkeit von Videokommunikation erheblich verändert. Mit Text allein lassen sich heute kaum mehr alle Interessengruppen effizient erreichen. Unternehmen und Institutionen brauchen daher übergreifende Konzepte für eine einheitliche Bewegtbildkommunikation – auch und insbesondere abseits der Produktwerbung.

> **„Für den Einsatz im Aufgabenbereich der Akzeptanzkommunikation sind Videos dabei geradezu prädestiniert."**

Für den Einsatz im Aufgabenbereich der Akzeptanzkommunikation sind Videos dabei geradezu prädestiniert. Sie informieren, reduzieren Unsicherheit, binden emotional und stellen Nähe her. Nicht zuletzt ermöglichen Sie – richtig eingesetzt – den dauerhaften Dialog mit der Zielgruppe. Aus Sicht der Organisationen dient Kommunikation dabei als Instrument, um Konflikte frühzeitig zu erkennen, deeskalierend einzuwirken und Vertrauen aufbauen zu können. Videos spielen dabei zwei ihrer besonderen Stärken aus: Emotion und Dialogfähigkeit.

Videokommunikation ist allgegenwärtig

Medien bestimmen unseren Alltag. Ob zuhause, auf der Arbeit oder privat: Die Nutzung von Medien hat in den vergangenen Jahren rasant zugenommen. Insbesondere die Nutzung des Internets leistet dem Vorschub.

Mit mobilen Endgeräten und immer schnelleren Internetzugängen können wir auch unterwegs jederzeit auf ein reichhaltiges Medienangebot zugreifen. 2017 nutzten 72 Prozent der deutschsprachigen Bevölkerung ab 14 Jahren täglich das Internet – ein Zuwachs von 11,4 Prozent zum Vorjahr (Quelle: http://www.ard-zdf-onlinestudie.de/onlinenutzung/entwicklung-der-onlinenutzung/).

Einen immer größeren Anteil an der Internetnutzung nehmen dabei Bewegtbildmedien und Videos ein. Insbesondere die jüngere Generation verwendet einen großen Teil ihrer Zeit auf den Konsum von Video. 88 Prozent der unter 29-jährigen nutzen mindestens wöchentlich Online-Videos, 72 Prozent steuern dabei gezielt Video-Plattformen wie Youtube an (Quelle: http://www.ard-zdf-onlinestudie.de/multimedianutzung/video/).

Aber auch abseits des Internets wird zunehmend mehr Bewegtbild konsumiert – sei es die digitale Werbeanzeige am Bahnhof, das Informationsvideo im Schaufenster oder der Fernseher zuhause: Videokommunikation ist allgegenwärtig.

Videokommunikation ist Emotion

Die besondere Anziehungskraft von Videokommunikation liegt dabei in der Kombination vom Bild und Ton begründet. Aus der Medienwirkungsforschung ist bekannt, dass durch diese Kombination in kürzerer Zeit mehr Informationen aufgenommen und insbesondere Emotionen besser transportiert werden können. Durch Bilder und die gesprochene Sprache vermittelt Videokommunikation im Vergleich zu textbasierten Medien eine höhere Glaubwürdigkeit und Authentizität.

> „Durch Bilder und die gesprochene Sprache vermittelt Videokommunikation im Vergleich zu textbasierten Medien eine höhere Glaubwürdigkeit und Authentizität.“

Ein Sprecher kann mittels Mimik, Gestik und Proxemik spezifische Konnotationen von Aussagen transportieren, die sich in textbasierte Medien nicht übersetzen lassen.

Auch andere gestalterische Mittel wie Kameraperspektiven und -bewegungen, Musik, Geräusche, Kadrierung und der Schnitt können eingesetzt werden, um eine spezifische emotionale Aussage zu erreichen. Rezipienten fühlen sich daher durch Bewegtbild meist schneller und insgesamt stärker emotional gebunden als bei anderen Medien.

Doch die reine Emotion alleine genügt nicht, um Zielgruppen dauerhaft zu überzeugen. Neben einer inhaltlich bedeutsamen Botschaft ist es insbesondere die Bereitschaft zum Dialog, die eine überzeugende Videokommunikation ermöglicht. Wesentlicher Treiber hierfür war die Entstehung offener Videoplattformen und die dadurch veränderten Nutzererwartungen.

> **„Neben einer inhaltlich bedeutsamen Botschaft ist es insbesondere die Bereitschaft zum Dialog, die eine überzeugende Videokommunikation ermöglicht.“**

Videokommunikation wird offen

Ein Video online verfügbar zu machen, stellte in der Anfangszeit des Internets vergleichsweise hohe technische Anforderungen an einen Webseiten-Betreiber. Schnell haben sich daher sogenannte Videoplattformen etabliert. Diese Webseiten stellen die notwendige technische Infrastruktur bereit, um eine große Zahl von Online-Videos dauerhaft abrufbar zu halten.

Videoplattformen werden von verschiedenen Anbietern betrieben. Zu unterscheiden sind hierbei insbesondere offene Videoplattformen (z.B. Youtube, Vimeo oder Twitch) und geschlossene Videoplattformen (z.B. Netflix, Amazon Video oder Mediatheken der Fernsehsender). Offene Plattformen erlauben es in der Regel allen Benutzern, Videos zu veröffentlichen. Bei geschlossenen Plattformen entscheidet einzig der Betreiber, welche Videos dort eingestellt werden.

Waren also die Verbreitungswege von Videokommunikation bis dato in der Hand weniger Verlage und Fernsehsender, so war es durch offene Videoplattformen nun plötzlich jedermann möglich, Videos einem weltweiten Publikum zur Verfügung zu stellen. Insbesondere die Entstehung von Youtube markiert hierbei einen wesentlichen Umbruch.

Da sich Youtube als soziales Netzwerk verstand, ermöglichte die Plattform nicht nur die Veröffentlichung von Videos, sie stellte auch den Dialog mit den Zuschauern in den Mittelpunkt. Dies hat zu nicht weniger als einem Paradigmenwechsel geführt.

Videokommunikation ist Dialog

Denn Youtube erweiterte die bisherigen Möglichkeiten der Bewegtbildkommunikation um eine zusätzliche, partizipative Ebene. Plötzlich war es möglich, mit dem Macher eines Videos unkompliziert in Kontakt zu treten, Fragen zu stellen und auch Antworten zu erhalten – auch in Form eines Videos. Waren bisherige Kommunikationsmittel im Bereich Bewegtbild fast ausnahmslos kommunikative Einbahnstraßen, so lieferte Youtube nun praktisch alle Möglichkeiten eines zweiseitigen, öffentlichen Dialogs.

Da Youtube als soziales Netzwerk konzipiert war, entwickelten sich auf der Plattform rasch neue Formate, Netzwerke und Communities. Aus ihnen gingen die Einflussreichsten als Youtuber (Influencer) hervor. Basis ihres Erfolgs war eine kontinuierliche, dialogisch orientierte Videokommunikation, unterstützt durch die starke Wirkung audiovisueller Medien. Beispielhaft sei an dieser Stelle das Format „Kommentare kommentieren" genannt, in dem Youtuber die Fragen ihrer Community in Videoform beantworten.

Durch diesen engen Austausch mit ihren Zuschauern sind Youtuber in der Lage, sich auf die Bedürfnisse ihrer Zielgruppen einzustellen und die Inhalte ihrer Videokommunikation entsprechend anzupassen. Die Zahlen geben ihnen dabei Recht: die zehn größten deutschen Youtuber erreichen täglich 282 Millionen Aufrufe (Stand: Mai 2018; Quelle: http://socialblade.com/). Darüber hinaus kommen die Videomacher in ihren sozialen Kanälen auf Interaktionsraten im zweistelligen Prozentbereich – Werte, von denen viele professionelle Kommunikatoren nur träumen können.

Videokommunikation muss anders werden

Trotz dieser massiven Umbrüche zeigen sich viele Unternehmen und Institutionen beim Einsatz von Videokommunikation noch immer gehemmt.

„Offene Videoplattformen und Live-Videos haben Videokommunikation unlängst zu einem Dialogmedium gemacht." Zum einen herrscht in vielen Organisation häufig die (unbewusste) Meinung vor, bei Videokommunikation handle es sich ausschließlich um eine Maßnahme des Marketings und der Werbung. Entsprechend sind noch immer häufig althergebrachte Formate wie Imagefilme, Messetrailer, Produktvideos und natürlich Werbespots die Mittel der Wahl.

Zum anderen glauben viele Kommunikationsverantwortliche, Videokommunikation könne und dürfe nur einseitig funktionieren. Diese Ansicht ist längst überholt. Offene Videoplattformen und Live-Videos haben Videokommunikation unlängst zu einem Dialogmedium gemacht. Die neuen Plattformen liefern alle wesentlichen Voraussetzung für einen zweiseitig orientierten, dauerhaften Dialog, auch abseits der hier vielfach beschriebenen Plattform Youtube.

Dies bedeutet nicht, dass bisherige Mittel und Formate vollständig ersetzt werden müssen. Doch die Ziele und Mittel der Videokommunikation müssen künftig einerseits viel enger mit den Bedürfnissen und Erwartungshaltungen der Zielgruppen abgestimmt und andererseits tiefer in der Unternehmenskultur verankert werden.

Videokommunikation ist Kommunikation

Gerade im Bereich der Akzeptanzkommunikation ist es wichtig, die Bedürfnisse der Zielgruppen nicht nur zu kennen, sondern auch die eigenen Kommunikationsinhalte fortlaufend daran anzupassen. Videokommunikation – mit Hilfe der starken Wirkung audiovisueller Medien – kann helfen, Informationen zu vermitteln, Unsicherheit zu reduzieren und Botschaften emotional zu transportieren.

> „Videokommunikation kann helfen, Informationen zu vermitteln, Unsicherheit zu reduzieren und Botschaften emotional zu transportieren."

Eine dialogisch orientierte Videokommunikation ermöglicht darüber hinaus auch, Konflikte und schwache Signale frühzeitig zu erkennen, Rezipienten dauerhaft emotional zu binden und langfristig Vertrauen aufzubauen. Anstelle bisher dominanter „Top-Down"-Kommunikation sollten Unternehmen und Institutionen daher künftig viel stärker auf Dialogorientierung setzen.

Dabei ist die Herstellung von Videos so einfach wie noch nie – dank immer günstigerer Produktionsmittel wie Kameras, Schnitt-Software und Speichermedien. Kurzum: es war noch nie so einfach und notwendig, auf Video zu setzen.

Vita

David Peter

Freier Unternehmensberater für
Bewegtbildkommunikation

David Peter hat Unternehmenskommunikation/PR, Publizistik und Filmwissenschaft an der Johannes Gutenberg-Universität Mainz studiert und dort seine Masterarbeit zum Thema Youtuber Relations verfasst. Zuvor hat er seine Ausbildung zum Mediengestalter Bild und Ton bei einem Mainzer Fernsehsender abgeschlossen. Von 2008 bis 2016 arbeitete er bei der Kommunikationsagentur Media Advice in Mainz mit dem Schwerpunkt Medientraining und Bewegtbildproduktion. Seit 2016 ist er als Berater für Krisenkommunikation beim Nachfolge-Unternehmen Ewald & Rössing beschäftigt. Seit 2016 ist er Sprecher der Young Professionals der Landesgruppe Hessen/Rheinland-Pfalz/ Saarland des Bundesverbands deutscher Pressesprecher. Seit 2017 ist David Peter Teil der Jury des Kurzfilmwettbewerbs für Wissenschaftskommunikation Fast Forward Science.

Kommunikation und Transparenz – die Bausteine für Akzeptanz und Erfolg bei Infrastrukturprojekten

Von Ulf Mehner

Bau- und Infrastrukturprojekte werden von der Öffentlichkeit zunehmend kritisch unter die Lupe genommen. Gleichzeitig steigen für Vorhabensträger seit Jahren die kommunikativen Herausforderungen bei Genehmigungsverfahren (BImSchG, Planfeststellung, Raumordnung, Bauleitplanung, etc.). Auch die gesetzlichen Pflichten zur Öffentlichkeitsbeteiligung haben sich in den letzten Jahren verändert und erfordern eine frühzeitige Beteiligung der Öffentlichkeit. In gleichem Maße steigt die Kampagnenfähigkeit kleinerer Akteure (Vereine, Bürgerinitiativen) durch die vielfältigen Möglichkeiten der Online- bzw. Social-Media-Kommunikation. Eine begleitende Kommunikation wird für Infrastrukturprojekte also immer mehr zu dem entscheidenden „Ermöglicher"-Baustein, und zwar über alle Planungsphasen hinweg. Dies erfordert von allen Beteiligten (Planer, Bauherr, Kommunikatoren, Juristen, Projektsteuerer) Prozesssicherheit, interdisziplinäres Arbeiten und transparente Kommunikation.

> „Gleichzeitig fordert der Gesetzgeber für eine breite Akzeptanz für Infrastrukturprojekte und Industrieanlagen eine frühzeitige Kommunikation bzw. Bürgerbeteiligung."

Bauherren, Vorhabens- bzw. Projektträger stehen vor einer wachsenden Herausforderung: Immer mehr Infrastrukturprojekte müssen sich öffentlichen Debatten stellen und Kritik aushalten – die Menschen wollen bei vielen Punkten mitreden. Gleichzeitig fordert der Gesetzgeber für eine breite Akzeptanz für Infrastrukturprojekte und Industrieanlagen eine frühzeitige Kommunikation bzw. Bürgerbeteiligung. Insbesondere in Ballungsräumen stehen Bau- und Infrastrukturprojekte zunehmend im Mittelpunkt des Interesses – dabei werden sie teils begleitet von heftigen Protesten auch infrage gestellt. An anderer Stelle fordern Bürger über die formale Beteiligung hinaus eine bessere Einbeziehung in Entscheidungsprozesse, Mitspracherechte und Gestaltungsmöglichkeiten.

Gründe dafür gibt es viele: Der Anspruch der Bürger, „mitzureden" hat zugenommen und unter dem Stichwort „Bürgerbeteiligung" erwarten die Menschen mehr Informationen und mehr Mitspracherechte – zum Teil unabhängig von der Rechtslage. Zudem sehen sich Vorhabensträger einer wachsenden Skepsis gegenüber; ihre Glaubwürdigkeit und Akzeptanz leiden zusehends. Grund dafür ist ein generelles Misstrauen gegenüber großen Organisationen: In Deutschland haben die Akzeptanz und die Glaubwürdigkeit von staatlichen und Wirtschaftsakteuren enorm gelitten, insbesondere – aber nicht nur – im Nachgang der Krisen der letzten Dekaden. Angefangen hat alles mit einer stärkeren politischen „außerparlamentarischen" Beteiligung in den 1980er Jahren und fand in den massiven Bürgerprotesten bei „Stuttgart 21" einen der Höhepunkte. Des Weiteren haben die letzte Finanzkrise, das Verhalten von Unternehmen und Staat im Falle von „Dieselgate" oder die wahrgenommene strukturelle Belastung von Bund, Ländern und Kommunen bei der Zuwanderung der letzten Jahre ihr Übriges getan. Oft ist der so genannte „Wutbürger" auch derjenige, der sich gegen Veränderungen in seiner Nachbarschaft zur Wehr setzt. Die Dynamik sozialer Medien trägt zu diesen Entwicklungen bei, denn über Online- und Social-Media-Kommunikation lassen sich große Menschengruppen vergleichsweise einfach, rasch und kostenneutral mobilisieren. Oft treffen flexible und dynamisch agierende Bürgerinitiativen auf große Organisationen, deren Trägheit und Fähigkeit zu agiler Kommunikation mit zunehmender Akteursgröße stark abnimmt.

> **„Oft treffen flexble und dynamisch agierende Bürgerinitiativen auf große Organisationen, deren Trägheit und Fähigkeit zu agiler Kommunikation mit zunehmender Akteursgröße stark abnimmt."**

Handlungsfelder für die Akzeptanz von Vorhaben zeichnen sich in folgenden drei Bereichen ab:

1 kommen größere Immobilienprojekte in Deutschlands Ballungsräumen schnell in kommunikative Bedrängnis: Gerade unter dem Stichwort „Kampf gegen Gentrifizierung" wehren sich sowohl die unmittelbaren als auch die mittelbaren Nachbarn gegen Sanierungs- oder Neubauvorhaben (mehr zu Gentrifizierung: https://gentrifizierung.wordpress.com/about/). Die Gründe dafür mögen vielfältig sein und reichen von allgemeiner Ablehnung gegen „die da oben" bis hin zu konkreten Ängsten vor Mieterhöhungen usw. Allzu gern werden solche Debatten von politischen Stakeholdern instrumentalisiert und rasch werden Vorhabensträger bzw. Investoren zum Spielball der Politik.

2 geraten klassische Infrastrukturprojekte wie Straßen, Brücken, Flughäfen oder der Bau von Zugstrecken und Stromtrassen immer wieder in den Fokus öffentlicher Diskussionen und werden vor Ort abgelehnt – oft aus ähnlichen Gründen wie die Skepsis bei Immobilienprojekten: Dahinter steht häufig der so genannte „Nimby"-Effekt: Zwar möchten viele Menschen mobil und gleichzeitig Empfänger bzw. Nutzer regenerativer Energien sein – und erwarten dies auch von der Industrie. Gleichzeitig wehren sich diese Menschen jedoch zum Beispiel gegen den Aufbau von Windrädern und den Ausbau neuer Stromtrassen (Eine erste Erklärung zu „Nimby" findet sich hier: https://de.wikipedia.org/wiki/Nimby).

3 steht den Städten der Welt im Kontext der Digitalisierung in den nächsten Jahrzehnten ein enormer Umbau zu so genannten „Smart Cities" bevor. Jedoch trifft Technologie nicht selten auf fehlenden Willen zu Veränderung: Die Ballungsräume von morgen sind technologischer und gleichzeitig nachhaltiger konzipiert, digitale Technologien spielen bei diesem städteplanerischen Paradigma die entscheidende Rolle. So werden die Städte durch die Folgen der Veränderungen des Individual- und öffentlichen Verkehrs (Elektrifizierung, autonomes Fahren usw.) einen enormen Umbau erleben. Hier ist damit zu rechnen, dass technologische Transformation der Städte und Gemeinden auf die Ablehnung von Infrastrukturprojekten UND fehlende Technologieakzeptanz treffen, denn bereits die Kommunikationsforschung der 1980er und 1990er Jahre hat den Deutschen ein gewisses Maß an Technikskepsis attestiert.

> **„Für Investoren, Vorhabensträger und Behörden bedeutet dies, die teils divergierenden Anspruchshaltungen verschiedener Beteiligter und Akteure von Beginn im Blick zu haben und zu beachten."**

Was ist die Folge? Kommunikation ist auf jeden Fall ein wichtiger Baustein: Für Investoren, Vorhabensträger und Behörden bedeutet dies in erster Linie, Projekte umfassender als gesetzlich vorgeschrieben darzustellen und die teils divergierenden Anspruchshaltungen verschiedener Beteiligter und Akteure von Beginn im Blick zu haben und zu beachten. Gleichzeitig sind alle Beteiligten zu dialogorientierter Kommunikation auf Augenhöhe aufgerufen.

81

Was kann Kommunikation leisten? Sie kann helfen: Besonders wenn sie transparent, gut durchdacht und frühzeitig geplant wird, ist sie ein wichtiger Baustein für die erfolgreiche Umsetzung von Infrastrukturprojekten. Mit transparenter Kommunikation lässt sich eine möglichst breite Akzeptanz für Vorhaben erreichen. Eine strategische Projektkommunikation bringt Projekte nicht nur in die Öffentlichkeit, vielmehr trägt sie dazu bei, potentielle Konflikte frühzeitig zu erkennen und zu deeskalieren. Und natürlich: Menschen wollen ernst genommen werden in ihrer Angst vor Veränderung, auch hier ebnet Kommunikation den Weg. Wer professionell und transparent kommuniziert kann Infrastrukturprojekte effizienter umsetzen, eben weil die Gefahr von Verzögerungen deutlich minimiert ist. Aus diesem Grund sollten Investoren, Vorhabensträger und Planer sofort nach der Entscheidung für ein Projekt mitdenken.

Wesentliche Bausteine einer solchen Kommunikation sind:

- Beratung und Strategie
- Analyse der Akteure
- Strategisches Kommunikationskonzept
- Beziehungsmanagement und Public Affairs
- Beteiligung der Öffentlichkeit inkl. Moderation und Verhandlung
- Presse und Social Media

Professionelle und strategische Projekt- und Akzeptanzkommunikation gibt Investitionsvorhaben keine Garantie auf Erfolg – sie verbessert jedoch die effiziente Umsetzung von Großprojekten.

Erfolgreiche Akzeptanz- und Projektkommunikation lässt sich in folgende Prozessschritte exemplarisch unterteilen:

- Vor der Planung (HOAI-Phasen 1 - 2): Organisation, Stakeholder- & Themenanalyse, Kommunikationsstrategie. In diesen Phasen lassen sich erste Stolperfallen und Konfliktpotenziale identifizieren – und ggf. auch gleich ausräumen.

- Zeit der Planungen (HOAI-Phasen 3 - 5): verstehbare Kommunikation der Grundidee und ihrer Varianten, Übersetzung der Fachsprache der Genehmigungsplanung für die Öffentlichkeit, Visualisierung der Pläne, Dialog suchen

- Umsetzungs-/ Bauphase (HOAI-Phasen 5 - 9): Vergabeverfahren der Öffentlichkeit erklären, Stand der Arbeiten regelmäßig an Anwohner vermitteln, Einrichtung einer Anlaufstelle für Beschwerden, Baustellenmarketing (Webcam, Tag der offenen Tür usw.), Events (Richtfest, Startschuss, Baggerbiss, Eröffnungsfeier)

10 Grundregeln für erfolgreiche Projekt- und Akzeptanzkommunikation für Infrastrukturprojekte:

1. Ernsthaften Dialog auf Augenhöhe mit den Beteiligten führen
2. Klare Rahmenbedingungen setzen (Transparenz!)
3. Frühzeitig die Bürger einbeziehen
4. Klare Faktenlage aufzeigen (Transparenz!)
5. Frühzeitig über die Bedingungen eines Dialogs verständigen
6. Faire und transparente Prozesse aufstellen (Transparenz!)
7. Klarheit über Umgang mit Ergebnissen haben (Transparenz!)
8. Umfassende Information für viele Medienkanäle bereitstellen (Transparenz!)
9. Verständlich kommunizieren (Transparenz!)
10. Budget: Kommunikation als Teil der Gesamtinvestition sehen

Kann formale Bürgerbeteiligung den entscheidenden Beitrag leisten? Ja und nein.

Ja, weil sie als Teil der Akzeptanzkommunikation in vielen Fällen per se vorgeschrieben ist und Beteiligungskommunikation – wenn richtig und vollumfassend eingesetzt – einen wichtigen Kommunikationsbaustein für die Projektkommunikation darstellt. Ihr Nutzen ist jedoch von mehreren Faktoren abhängig:

- Wie hoch ist das Maß des Mitspracherechtes der Öffentlichkeit? Grundsätzlich kann dies von reiner Informierung über Konsultation bis hin zu Einbeziehung oder gar Mitentscheidung (z.B. bei Streckenführungen) reichen.

- Wird die Beteiligung ernsthaft und auf Augenhöhe geführt oder ist sie nur ein Feigenblatt, um einen Haken hinter das Thema zu machen?

- Startet die Beteiligung bereits frühzeitig oder am spätmöglichsten Punkt?

Nein, denn Bürgerbeteiligung ist kein Allheilmittel für die Akzeptanz von Infrastrukturprojekten. Wunschdenken und Erwartungen treffen immer auf die Realität: Eine repräsentative Studie (2013) stellte bei Kommunen und Behörden eine Zufriedenheit mit den seinerzeit bestehenden Beteiligungsmöglichkeiten fest. Dies steht jedoch im krassen Gegensatz zur Anspruchshaltung der befragten Bürger: Sie wünschen sich eine bessere Einbeziehung in Entscheidungsprozesse, mehr Mitspracherechte und Gestaltungsmöglichkeiten. Bemängelt wurde seinerzeit, dass die Bürgeranliegen zu spät berücksichtigt wurden. Doch: Obwohl der Anspruch auf Informiertheit und Informierung steigt, wollen gleichzeitig bestehende Informationsangebote gar nicht angenommen und genutzt werden. Die Erfahrung zeigt, dass zum Beispiel bei Informationsabenden eher die Gegner und Skeptiker von Projekten anwesend und lautstark vertreten sind während neutrale Beteiligte oder gar Befürworter von Vorhaben eher fernbleiben (vgl. hierzu auch den kommunikationswissenschaftlichen Ansatz der Theorie der „Schweigespirale"). Doch mithilfe eines passenden Setups kombiniert mit kluger Moderation und gutem Verhandlungsgeschick lassen sich auch dynamische Informationsabende in eine konstruktive Richtung lenken.

LITERATUR

[1] Mehr zu Gentrifizierung unter anderem hier: https://gentrifizierung. wordpress.com/about/ abgerufen 22. Mai 2018, 17:00 Uhr

[2] Eine erste Erklärung zu „Nimby" findet sich hier: https://de.wikipedia. org/wiki/Nimby abgerufen 22. Mai 2018, 17:00 Uhr

Vita

Ulf Mehner, M.A.

Gründer und Managing Partner
WeichertMehner, Dresden

Ulf Mehner ist Gründer und Managing Partner von WeichertMehner (Dresden). Er berät Führungskräfte in Krisensituationen und entwickelt Agenda Setting-Strategien, um Themen zielgruppengerecht und medienwirksam zu setzen. Dazu gehört auch Akzeptanzkommunikation für Infrastrukturprojekte und Gesetzesvorhaben. Der studierte Kommunikationswissenschaftler, Politologe und Soziologe verfügt über umfangreiche Erfahrungen im parlamentarisch-politischen Bereich und war in unterschiedlichen Funktionen im Sächsischen Landtag, im Wahlkampfteam von Ministerpräsident Prof. Dr. Kurt Biedenkopf und Prof. Dr. Georg Milbradt sowie Sprecher der Jungen Union Dresden tätig. Parallel arbeitete er lange Zeit in der Pressestelle der CDU-Fraktion des Sächsischen Landtages.

Öffentlichkeitsbeteiligung beim Netzausbau – Mit informeller Beteiligung das formelle Verfahren vorbereiten und begleiten

Von Christian Möller und Kevin Zdiara

Es ist etwas ruhiger geworden um den Ausbau des Stromnetzes in Deutschland. Es wird in bundesweiten Medien über Meilensteine berichtet und bei bestimmten Themen wie beispielsweise Landschaftsschutz oder Mehrfachbelastungen auf regionaler Ebene immer noch heiß diskutiert. Aber die Zeiten wütender Bürgerproteste scheinen vorerst vorbei. Das hat bis zu einem gewissen Grad mit gesetzlichen Änderungen zu tun, nach denen bei Gleichstromverbindungen zukünftig die Erdverkabelung zu bevorzugen ist und die Möglichkeit der Teilerdverkabelung von Wechselstromvorhaben ausgeweitet wurde. Das hat zu einer deutlichen Beruhigung und Versachlichung der Diskussionen geführt. Vor allem geht die Veränderung der Konfliktlagen aber auf einen Bewusstseinswandel bei den Übertragungsnetzbetreibern zurück, die mittlerweile auf eine sehr intensive und frühe informelle Bürgerbeteiligung setzen.

Bei den großen Nord-Süd-Stromtrassen wurde direkt mit der Neuplanung der Vorhaben Anfang 2016 auch mit der Öffentlichkeitsbeteiligung begonnen. Dadurch wurden Bürgerinnen und Bürger sowie Träger öffentlicher Belange auf die formelle Beteiligung durch die Genehmigungsbehörde im Rahmen der Bundesfachplanung vorbereitet. Die häufig geforderte enge Verzahnung von informeller und formeller Beteiligung war hierbei von Anfang an ein wichtiges Ziel. Wichtige Orientierung bieten hierbei die beiden Richtlinien VDI 7000 „Frühe Öffentlichkeitsbeteiligung bei Industrie- und Infrastrukturprojekten" und VDI 7001 „Kommunikation und Öffentlichkeitsbeteiligung bei Planung und Bau von Infrastrukturprojekten".

> **Bundesfachplanung**
>
> Die Bundesfachplanung ist das Genehmigungsverfahren für alle Netzausbauprojekte, die im Bundesbedarfsplangesetz aufgeführt sind und Bundesländer übergreifend umgesetzt werden sollen. Die hierfür zuständige Genehmigungsbehörde ist die Bundesnetzagentur. Die Bundesfachplanung entspricht dem Raumordnungsverfahren auf Länderebene.

Beteiligung muss mit Planung Hand in Hand gehen

Obwohl die frühzeitige und informelle Öffentlichkeitsbeteiligung heute fester Bestandteil der meisten großen Infrastrukturvorhaben ist, sind die Ansätze sehr verschieden und immer abhängig vom jeweiligen Projektteam und dessen Sicht auf Beteiligung.

Eine wichtige Voraussetzung ist dabei stets, dass der Dialogprozess nicht abgekoppelt von den darin gegebenen fachplanerischen Herausforderungen gestaltet wird. Das bedeutet für den Netzausbau, dass diejenigen, die die Beteiligung organisieren und umsetzen, ein Verständnis für die umweltfachlichen, raumordnerischen und genehmigungsrelevanten Fragen mitbringen und diese im Hinblick auf die Einbindung der Öffentlichkeit mitdenken. Nur so können potenzielle Konflikt- und Problemfelder frühzeitig erkannt und Lösungswege gesucht werden.

Die hochkomplexen Planungen für Netzausbaumaßnahmen, die Technologie und Terminologien müssen den Bürgerinnen und Bürgern allgemeinverständlich erläutert werden. „Untersuchungsräume", „Raumwiderstandskriterien" oder „Schutzgüter" etc. sind für die meisten Menschen vor Ort häufig unbekannte Fachbegriffe, die aber darüber entscheiden, ob ein Vorhaben in ihrer Nachbarschaft umgesetzt wird oder nicht. Werden die fachlichen Zusammenhänge in Beteiligungsprozessen nicht schlüssig und allgemein verständlich darlegt, entsteht schnell Skepsis und Ablehnung bei den Anwohnern. Hier kommt den Beteiligungsexperten eine wichtige Aufgabe

> **„Beteiligungsexperten haben eine Schlüsselfunktion im Dialog mit der Öffentlichkeit."**

zu. Zudem sind sie für die Rückkopplung der Diskussionen mit den verschiedenen Akteuren zuständig. Sie sind diejenigen, die Sorgen und Bedenken der lokalen Bevölkerung an die Planer zurückspielen und so frühzeitig abgleichen, welche planerischen Vorschläge im Hinblick auf die öffentliche Akzeptanz möglich sind und wo gegebenenfalls Alternativen in Betracht gezogen werden müssen. Berechtigte Bedenken hinsichtlich der Planung finden auf diese Weise ihren Weg zu den Planer und in die Planung. Auch im Hinblick auf die Verknüpfung der informellen mit der formellen Beteiligung haben die Beteiligungsgestalter eine Schlüsselfunktion, weil sie gewährleisten können, dass der Dialog mit der Öffentlichkeit aufrechterhalten wird und dass die Beteiligungsergebnisse der informellen Phase berücksichtigt werden.

Neue Wege in der informellen Beteiligung

Die Umsetzung der informellen Öffentlichkeitsbeteiligung bei der Planung für Netzausbauvorhaben ist eine große Herausforderung für Dialog- und Partizipationskonzepte. Dies hängt einerseits mit der Komplexität der Vorhaben zusammen. Gesetzliche Vorgaben, raumordnerische sowie genehmigungsrechtliche Kriterien fließen hier ein. Die Planungen bewegen sich bis zur Planfeststellung in einem großflächigen Untersuchungsraum. Im Rahmen der informellen Beteiligung muss den Menschen vor Ort der Planungsprozess erklärt werden. Sie müssen sich einbringen können und erfahren, dass ihre Bedenken ernst genommen werden. Andererseits erstrecken sich Netzausbauvorhaben in der Regel über viele, teilweise hunderte Kilometer. Aus diesem Grund muss die Beteiligung immer lokal und gleichzeitig überregional gedacht und umgesetzt werden.

„Aus diesem Grund muss die Beteiligung immer lokal und gleichzeitig überregional gedacht und umgesetzt werden.“

Doch allein die Zahl aller potenziell betroffener Bürgerinnen und Bürger bei den geplanten großen Nord-Süd-Stromtrassen ist so groß, dass eine umfassende und direkte Beteiligung aller Menschen an logistische Grenzen stößt.

Für das Projekt SuedLink wurde aus diesem Grund im Verbund mit dem Planungsbüro ILF ein onlinebasiertes Geo-Informationssystem (WebGIS) aufgesetzt, das neben den Korridorvorschlägen auch alle relevanten Planungsdaten enthält. Interessierte können mithilfe des WebGIS ihre Hinweise punktgenau abgeben und in einer Maske die Hinweise spezifizieren und Kategorien zuordnen. Insofern die Nutzer des WebGIS Kontaktdaten hinterlassen, erhalten sie von den Planern eine fachliche Antwort zu ihrem Hinweis zugeschickt. So konnten alle Bürgerinnen und Bürger bequem von Zuhause oder unterstützt durch Expert/innen an Laptops auf Infoveranstaltungen den Verlauf nachvollziehen und sich beteiligen. Eine wichtige Funktion des WebGIS ist schließlich die öffentliche Dokumentation der Hinweise, da sie nach einer Prüfung durch die Planer/innen in das System eingespielt werden und so öffentlich einsehbar sind. Das Ergebnis auf dieses Beteiligungsangebot war überwältigend. So wurden in der zweimonatigen informellen Phase über das Web-GIS alleine rund 6.600 planungsrelevante Hinweise aufgenommen, die bereits in Echtzeit bei der Planung berücksichtigt wurden oder im weiteren Verlauf des Verfahrens noch berücksichtigt werden.

Ein weiteres Beispiel stammt von einem anderen großen Netzausbauvorhaben. Hier wurden vom Vorhabenträger zusätzlich zu den gängigen Angeboten an Infomärkten und Gesprächen mit Trägern öffentlicher Belange planungsbegleitende Workshops angeboten, die eine sehr intensive Beteiligung eines definierten Teilnehmerkreises ermöglichen. Diese sind als feste Gremien konzipiert, die zu zentralen Projektmeilensteinen stattfinden und den gesamten Planungsprozess flankieren. Die Workshops fanden zu Beginn des Planungsprozesses in jedem durch das Vorhaben berührten Landkreis statt, sodass eine große Reichweite durch eine Multiplikatorenwirkung der Teilnehmer/innen möglich war. Die Teilnehmer setzten sich aus Mandatsträgern und kommunalen Spitzenvertretern, Vertretern von Fachbehörden und Verbänden auf Kreisebene sowie Vorsitzenden und Vertretern von Interessensgruppen vor Ort zusammen. Diese sollten im Rahmen der Veranstaltung die Belange der Region in die Trassenkorridorfindung einbringen sowie frühzeitig und transparent Informationen zur Planung und zu den weiteren Beteiligungsmöglichkeiten erhalten. Der Workshop ist ein aktives Beteiligungsformat, bei dem an Arbeitstischen fünf bis sechs Teilnehmer mit einem Planer des Vorhabenträgers den aktuellen Planungsstand durchgehen und raumkonkrete Hinweise vorbringen können. Da hierbei nicht nur Träger öffentlicher Belange eingeladen wurden, sondern auch Vertreter von Bürgerinitiativen, wurde gewährleistet, dass konträre Meinungen Gehör fanden. Die Rückmeldungen aus dem Teilnehmerkreis zeigen, dass hier ein konstruktives und gutes Dialogforum entstanden ist. So gaben 79 Prozent der Teilnehmer in ihrem Feedback an, alle wichtigen Informationen erhalten zu haben, 75 Prozent fanden das Format gut bis sehr gut und 88 Prozent würden sich wieder daran beteiligen.

Der Weg von der informellen Beteiligung zum formellen Verfahren

Die große Herausforderung bleibt aber, wie sich der Übergang von der informellen Beteiligungsphase, die maßgeblich durch die Vorhabenträger geführt wird, zur formellen Beteiligungsphase, die federführend von der Genehmigungsbehörde übernommen wird, gestalten lässt. Dies ist ein ganz entscheidender Aspekt, der für den gesamten Dialog mit der Öffentlichkeit bestimmend ist. Hier zeigt sich für die beteiligten Bürgerinnen und Bürger, ob die frühzeitige Beteiligung eine echte Beteiligung war oder nur eine „Beruhigungspille".

Ein grundsätzliches Anliegen der informellen Beteiligung ist es, die Bürgerinnen und Bürger auf das formelle Verfahren vorzubereiten. Denn so wichtig die Einbindung der Menschen zu einer möglichst frühen Planungsphase auch ist, rechtlich verbindlich ist alleine die formelle Beteiligung und damit auch alle Einwendungen, die in deren Verlauf eingebracht werden.

Die Zweiteilung zwischen informeller und formeller Beteiligung muss den Menschen deutlich vermittelt werden, da die entsprechenden verwaltungsrechtlichen Vorgaben oftmals nicht selbsterklärend sind. Auch die formalen Anforderungen an Stellungnahmen zum Vorhaben sind ein Bereich, in dem die Vorhabenträger die Bürgerinnen und Bürger und Träger öffentlicher Belange durch Informationen und regionale Workshops unterstützen können. Der wichtigste Aspekt im Hinblick auf den Übergang von informeller zu formeller Beteiligung ist aber, dass die Vorhabenträger Transparenz, Glaubwürdigkeit und Kontinuität signalisieren. Das betrifft zum einen konkret die Kommunikation mit den Bürgerinnen und Bürgern: Kein Hinweis, der bei den Vorhabenträgern eingegangen ist, sollte unbeantwortet bleiben. Zwar können Einwendungen, die entweder zu allgemein oder bereits flurstückscharf sind, in sehr frühen Planungsphasen nicht befriedigend beantwortet werden. Nichtsdestotrotz sollten die Sorgen der Menschen ernst genommen und dies auch zum Ausdruck gebracht werden.

> **„Nichtsdestotrotz sollten die Sorgen der Menschen ernst genommen und dies auch zum Ausdruck gebracht werden."**

Ein weiterer wichtiger Teil ist die öffentliche Dokumentation der Beteiligungsergebnisse. In den vergangenen Jahren hat sich bewährt, dass im Rahmen der Antragsunterlagen für die Bundesfachplanung nicht nur die Maßnahmen der informellen Öffentlichkeitsbeteiligung dargestellt werden, sondern insbesondere auch die raumkonkreten und planungsrelevanten Hinweise dokumentiert, mit einer Einschätzung aus planerischer Sicht versehen und im Anhang dargestellt werden. Dieser Anhang ist gerade im Hinblick auf die Transparenz ein ganz wesentlicher Bestandteil des Antrags, weil so alle Bürgerinnen und Bürger nachvollziehen können, ob ihre Hinweise aufgenommen wurden und hier auch noch einmal aufgezeigt wird, ob diese Hinweise bereits in der Planung beachtet wurden, zu einer Anpassung der Planung geführt haben oder gegebenenfalls im weiteren Verfahren noch einmal herangezogen werden.

Begleitung des formellen Verfahrens

Mit der Antragseinreichung für das Genehmigungsverfahren beginnt die formelle Phase der Beteiligung. Gleichwohl endet damit nicht der informelle Dialog mit den Bürgerinnen und Bürgern. Vielmehr gilt es den Gesprächsfaden aufrechtzuerhalten und die Menschen bei der formellen Beteiligung zu unterstützen. Eine Schwierigkeit ist hierbei, dass eine Vermischung der informellen Beteiligung durch die Vorhabenträger mit der formellen Beteiligung durch die Genehmigungsbehörde vermieden werden muss. Denn Hinweise und Stellungnahmen müssen mit Beginn des Genehmigungsverfahrens bei der Behörde eingehen, da sie für die Prüfung und deren Berücksichtigung zuständig ist.

> „Eine Vermischung der informellen Beteiligung durch die Vorhabenträger mit der formellen Beteiligung durch die Genehmigungsbehörde muss vermieden werden."

Es geht in dieser Phase vor allem darum, die Menschen mitzunehmen und ihnen den aktuellen Stand und die nächsten Schritte im Planungsprozess zu erläutern. Dabei kommt der informellen Beteiligung eine wichtige Rolle zu, denn die formellen Beteiligungsmöglichkeiten sind gegenwärtig noch stark auf die Träger öffentlicher Belange ausgerichtet. Bürgerinnen und Bürger werden nicht ausgeschlossen, und sie können ihre Einwendungen an die Genehmigungsbehörde auch schriftlich herantragen. Aber ihnen fehlt oft das genehmigungsrechtliche und planerische Detailwissen, um ihre Belange zielführend vorzubringen. Das zentrale öffentliche Beteiligungsformat der Bundesfachplanung ist die von der Bundesnetzagentur durchgeführte „Antragskonferenz". Diese entspricht dem Scoping-Termin im Raumordnungsverfahren und an ihr darf jeder Interessierte teilnehmen sowie seine Stellungnahme zum Vorhaben vortragen. Sie findet in der Regel nur an wenigen zentralen Orten innerhalb des Untersuchungsraums statt, was es Bürgerinnen und Bürgern, die weit entfernt davon wohnen, schwer macht, daran teilzunehmen. Als ganztägige Veranstaltungen, die sich teilweise auf bis zu zwei Tage erstrecken, sind Antragskonferenzen beispielsweise für berufstätige Menschen ungeeignete Beteiligungsformate. Die informelle Beteiligung kann hier aber ergänzend greifen, indem sie während der weiteren Verfahrensmeilensteine die Menschen mit Informationsangeboten vor Ort beteiligt und auf die Einreichung von Stellungnahmen nach der öffentlichen Auslegung vorbereitet.

Fazit

Die Diskussion rund um das Thema Bürgerbeteiligung bei Großprojekten hat in den letzten Jahren spürbar zu einem „Kulturwandel" bei Planern, Ingenieuren und Genehmigungsbehörden geführt. Sowohl im Netzausbau als auch in zahlreichen anderen Bereichen dominieren Beteiligungsansätze, die in erster Linie auf frühzeitigen Dialog, Transparenz und Konsultation setzen. Diese Ansätze unterscheiden sich durch variablere Strukturen und prozessbegleitende Abläufe gegenüber eigenständigen Bürgerbeteiligungsverfahren. Damit fällt der Übergang von informeller und formeller Öffentlichkeitsbeteiligung per se für diese Ansätze und Beteiligungsformen einfacher, weil hier die Akteure keinen Bruch zwischen partizipativ-freier Bürgerbeteiligungssphäre auf der einen Seite und juristisch-behördlicher Öffentlichkeitsbeteiligung auf der anderen Seite erleben.

Wichtig für eine engere Verknüpfung von informeller und formeller Öffentlichkeitsbeteiligung wäre aber sicherlich, dass sich gerade auch die gesetzlich vorgeschriebenen Beteiligungsformate noch stärker an die Bürgerinnen und Bürger wenden. Gerade für Akzeptanz der großen Netzausbauprojekte und damit auch für das Gelingen der Energiewende ist es von herausragender Bedeutung, dass sich die Menschen vor Ort und nicht nur die Träger öffentlicher Belange im Genehmigungsverfahren mitgenommen fühlen.

Literatur

[1] Der Artikel ist zuerst im eNewsletter Netzwerk Bürgerbeteiligung 3/2017 vom 24.10.2017 erschienen

Vita

Christian Möller

Kommunikationsberater
Arcadis Germany GmbH

Christian Möller ist im Bereich Umweltplanung und Genehmigungsmanagement tätig und betreut neben Netzausbauprojekten auch verschiedene Flughafen- und Hochwasserschutzprojekte in der Öffentlichkeitsbeteiligung und Projektsteuerung.

Kevin Zdiara

Berater für Bürgerbeteiligungung
und Kommunikation

Kevin Zdiara unterstützt mit seiner Arbeit insbesondere Netzbetreiber bei Dialog- und Partizipationsmaßnahmen. Davor war er mehrere Jahre als freier Journalist tätig und hat im Anschluss in einer PR-Agentur Kommunikationsstrategien für deutsche und europäische Kunden aus dem Agrarsektor entwickelt und umgesetzt sowie rund um die Themen Energie- und Biotechnologie gearbeitet.